好书记焦裕禄

周文顺 周荣方 ◎ 著

> 共产党员应该在群众最困难的时候，出现在群众的面前；在群众最需要帮助的时候，去关心群众、帮助群众。
> ——焦裕禄

知识产权出版社
全国百佳图书出版单位

图书在版编目（CIP）数据

好书记焦裕禄/周文顺，周荣方著. —北京：知识产权出版社，2015.4
ISBN 978-7-5130-3393-0

Ⅰ.①好… Ⅱ.①周… ②周… Ⅲ.①焦裕禄（1922～1964）—先进事迹—学习参考资料 Ⅳ.①D263

中国版本图书馆CIP数据核字（2015）第052043号

责任编辑：贺小霞　　　　　　　　　　责任校对：董志英
封面设计：张　冀　　　　　　　　　　责任出版：刘译文

好书记焦裕禄
周文顺　周荣方　著

出版发行：	知识产权出版社有限责任公司	网　　址：	http://www.ipph.cn
社　　址：	北京市海淀区马甸南村1号	邮　　编：	100088
责编电话：	010-82000860转8129	责编邮箱：	HeXiaoXia@cnipr.com
发行电话：	010-82000860转8101/8102	发行传真：	010-82000893/82005070/82000270
印　　刷：	三河市国英印务有限公司	经　　销：	各大网上书店、新华书店及相关专业书店
开　　本：	787mm×1092mm 1/16	印　　张：	14.75
版　　次：	2015年4月第1版	印　　次：	2015年4月第1次印刷
字　　数：	200千字	定　　价：	32.00元

ISBN 978-7-5130-3393-0

出版权专有　侵权必究
如有印装质量问题，本社负责调换。

目 录

第一章 习近平的焦裕禄情结 ·· 1
　　一、三顾兰考 ··· 1
　　二、呼唤好官 ··· 4
　　三、亲树干部标杆 ··· 5

第二章 临危受命 ·· 18
　　一、严峻的背景 ··· 18
　　二、贫穷的兰考 ··· 20
　　三、尴尬的干部 ··· 35
　　四、出色的焦裕禄 ··· 37
　　五、义无反顾 ··· 49

第三章 访贫问灾 ·· 55
　　一、车站访贫 ··· 56
　　二、初识河患 ··· 57
　　三、千古重灾 ··· 59
　　四、大动干戈 ··· 69
　　五、兰考有了希望 ··· 77

第四章 缔造抗灾干部 ·· 81
　　一、不辱使命 ··· 81
　　二、作风正派 ··· 88

三、科学求实 ································ 106
第五章　发动群众 ································ 115
　　一、精神驱动 ································ 115
　　二、利益驱动 ································ 128
　　三、生产驱动 ································ 130
　　四、改革驱动 ································ 132
　　五、策略驱动 ································ 135
第六章　改天换地 ································ 139
　　一、分秒必争的焦裕禄 ······················· 139
　　二、治理风沙 ································ 141
　　三、治理内涝 ································ 157
　　四、治理盐碱 ································ 166
　　五、英年早逝 ································ 173
　　六、今日兰考 ································ 183
第七章　精神永存 ································ 196
　　一、低 ······································ 197
　　二、苦 ······································ 200
　　三、细 ······································ 204
　　四、谦 ······································ 207
　　五、省 ······································ 209
　　六、严 ······································ 213
　　七、实 ······································ 219
　　八、执 ······································ 225

第一章　习近平的焦裕禄情结

一、三顾兰考

中国有两千多个县。兰考县山水无奇，偏居河南一隅，是"国家级贫困县"。可是，正是这个不起眼的平凡小县，却引起中国最高领导人习近平的高度关注。

2009年4月1日，时任国家副主席的习近平来河南视察，在密集的行程中，专门抽出一天，驱车前往兰考。

兰考，是"县委书记的榜样"焦裕禄工作过的地方。在焦裕禄纪念园，习近平敬献了花篮。他动情地回忆："1966年2月6日，《人民日报》刊登了穆青等同志的长篇通讯《县委书记的榜样——焦裕禄》，我当时正上初一，政治课张老师念了这篇通讯，几次都泣不成声……今天我终于如愿以偿来到兰考，实地感受老一代共产党人的崇高风范，我心情很激动，很不平静，很受教育，很受启发也很受鼓舞，深感在新时期，广大党员干部更要加强党性修养，转变工作作风。"❶

---

❶ "让生生不息的焦裕禄精神发扬光大——习近平兰考缅怀焦裕禄记"，《河南日报》2009年4月7日头版。

正是这次兰考之行,习近平将"焦裕禄精神"精辟地概括为——"亲民爱民、艰苦奋斗、科学求实、迎难而上、无私奉献"五个方面,并指出:焦裕禄精神"无论过去、现在还是将来,都永远是亿万人民心中一座永不磨灭的丰碑,永远是鼓舞我们艰苦奋斗、执政为民的强大思想动力,永远是激励我们求真务实、开拓进取的宝贵精神财富,永远不会过时。"❶

习近平首访兰考,在焦裕禄当年所植的"焦桐"侧畔,亲手种下了一棵泡桐树苗。

2009年习近平在焦裕禄工作过的地方种下一棵泡桐树

时隔五年,2014年3月17日,在党的群众路线教育实践活动的政治背景下,习近平再来兰考。根据中共中央统一安排,每位政治局常委在第二批群众路线教育实践活动中分别联系一个县,习近平选择了兰考。

故地重游,据新华社"新华视点"微博报道,总书记再踏兰考

---

❶ "让生生不息的焦裕禄精神发扬光大——习近平兰考缅怀焦裕禄记",《河南日报》2009年4月7日头版。

土地，依然心潮澎湃。在焦裕禄同志纪念馆，他谈了自己重访兰考的心情，"尽管看的听的都比较熟悉，但我还是想多看一看、多听一听，每一件实物、每一个故事都能引起我的心灵共鸣。住在焦裕禄干部学院，出门就能看见焦裕禄种的泡桐，睹物思人，感慨良多。"❶

此行兰考，习近平用了整整两天时间进行调研。他先后前往兰考县为民服务中心、焦裕禄纪念园、东坝头乡张庄村等地方，会见了焦裕禄同志的五个子女和部分干部代表，听取了兰考县群众路线教育实践活动的情况汇报。

在3月18日兰考县委常委扩大会议上，习近平开宗明义，指出："之所以选择兰考作为第二批教育实践活动的联系点，因为这是焦裕禄同志生活工作的地方、焦裕禄精神发祥地，希望通过学习焦裕禄精神，为推进党和人民事业发展、实现中国梦提供强大精神正能量。"

习近平二度亲临兰考，将诞生于半个世纪以前的"焦裕禄精神"与新时期"中国梦"的宏伟目标相链接，在全国激起强大的舆论冲击波。一时间，兰考"红"了，整个豫东、河南，乃至中原大地都成为舆论关注的焦点。

然而，当大家尚未从兴奋的情绪中平息的时候，2014年5月9日，一个新闻更令全国震动：时隔短短一个多月，习近平第三次来到兰考！

这次前来，他刚下飞机，便迫不及待地一路听取兰考县群众路线教育实践活动情况的汇报。之后，在焦裕禄干部学院，他以中共中央总书记的身份，亲自指导了中共兰考县常委民主生活会。

会上，中共兰考县委的常委们对照群众路线教育实践活动要求和焦裕禄精神，深刻剖析了工作中的问题和差距。大家自我反省，入木三分；相互批评，直截了当；有的同志甚至几度哽咽流泪。会

---

❶ "习近平重访兰考"，人民网2014年3月17日。

议持续到下午 1 时 20 分，习近平同志自始至终和大家在一起。

一石激起千层浪，随着习近平第三次来兰考，率先垂范与亲自引领，中国共产党久违的、货真价实的党内民主生活会如星星之火，自兰考向全国迅速蔓延。

二、呼唤好官

习近平三访兰考，让许多县市艳羡不已。中国是一个拥有 13 亿人口的大国，960 万平方公里的土地上遍布着数千个县市。作为国家最高领导人，日理万机，需要处理的国内、国际政治、经济、外交、文化等莘莘大端，不胜枚举。有些县市，穷其千秋，也难得有一次最高领导人的亲临。

可是，兰考这个不过数十万人的小县，习近平竟在五年内三度到访。尤其在 2014 年 3 月和 5 月，身为国家元首的习近平，在不到两个月时间两次考察兰考，甫去又来，亲自指导工作，更属空前！

山不在高，有仙则名。正如他第二次来兰考，面对县委同志讲话中所说："我们 50 年代出生的这代人都深受焦裕禄精神的影响，是在焦裕禄事迹教育下成长的。我后来无论是上山下乡、上大学和参军入伍，特别是后来当县委书记、市委书记，一直有焦裕禄的影子伴随。见贤思齐，总是把他作为一个榜样，对照自己。"习近平同志的心中，有一个很深的焦裕禄情结。

说到情结，我们不禁联想到他早年的词作。那是 1990 年，时任福州市委书记的习近平，于《福州晚报》发表的一首词——《念奴娇·追思焦裕禄》。

念奴娇·追思焦裕禄

中夜，读《人民呼唤焦裕禄》一文，是时霁月如银，文思萦系……魂飞万里，盼归来，此水此山此地。百姓谁不爱好官？把泪焦

桐成雨。生也沙丘,死也沙丘,父老生死系。暮雪朝霜,毋改英雄意气!

依然月明如昔,思君夜夜,肝胆长如洗。路漫漫其修远矣,两袖清风来去。为官一任,造福一方,遂了平生意。绿我涓滴,会它千顷澄碧。❶

词的上阕,是对先贤焦裕禄血沃荒沙英雄气概的颂扬,同时也是对人民"把泪如雨"怀念"好官"焦裕禄的描述。下阕则是"肝胆长如洗"的励志,誓言"绿我涓滴,会它千顷澄碧",决心以焦裕禄为楷模,并将其精神发扬光大!

歌咏言,诗言志。显然,如今神州大地廉政风暴狂飙骤起,官场新规辄出,绝非习近平总书记的即兴之作。早在20世纪90年代,习近平尚在市委书记任上,其心中已经在憧憬着以焦裕禄精神重振党风政风的宏伟蓝图。以习近平为引领的风靡全国的群众路线教育实践活动,不正是词中所许"绿我涓滴,会它千顷澄碧"之夙愿吗!

言及此,我们不禁要问:焦裕禄究竟是一个什么样的人,让习近平总书记数十年魂牵梦绕?在中国共产党近一个世纪的历史长河中,优秀儿女千千万万,总书记何以对焦裕禄"情有独钟"?中国共产党"井冈山精神""延安精神"等无不光芒万丈,当今为何突出焦裕禄精神?

三、亲树干部标杆

历史的价值,在于现实。纵观当今中国,焦裕禄作为一代英模人物,拥有三大鲜明特点,弥足珍贵。

---

❶ 习近平:"念奴娇·追思焦裕禄",《福州晚报》1990年7月16日头版。

1. 角色的适时性

首先,焦裕禄与雷锋、王进喜等英模人物不同,他是干部的楷模。当今,我们工作的重点是教育干部。

近年来,干群关系不佳。中央高层显然已注意到这一状况,因此,观历次党代会、中央全会,均反复强调同一句话——"保持党与人民群众之间的血肉联系"。这种"反复强调"的做法,隐含着中央高层对"干群关系"的担忧。

有落后的干部,没有落后的群众。干群关系不佳,责任在干部。所以,密切干群关系,必须从教育干部入手。2009年,身任国家副主席的习近平首访兰考,即在焦裕禄纪念园发出"深感在新时期广大党员干部更要加强党性修养,转变工作作风"的感慨。转变干部作风,需要干部楷模。

其次,焦裕禄不同于战争年代的英模人物,他是执政党的干部。执政党的干部与革命党相比,面临三方面特殊考验。

第一,权力的考验。战争年代,我们的任务是"夺权";执政时期,重在"用权"。"用权"的过程虽远非"夺权"过程艰苦卓绝,但却远比前者的过程复杂、曲折和漫长。

执政党干部手中握有的权力,使官僚主义、以权谋私、玩忽职守等流弊的发生成为可能。为谁掌权,如何用权,每时每刻都拷问着我们干部的灵魂,直接攸关我们政权的性质和党的生死存亡。

第二,和平环境的考验。与战争年代相比,和平环境容易出现两方面问题:

"形式主义"是其一。战争年代,最讲究实事求是,容不得半点虚假。因为稍有差池,就可能付出生命的代价。和平年代,多盛行虚假浮华之风。因为即使搞些形式主义,弄虚作假,滥竽充数,亦无丧命之虞。

"享乐主义"是其二。打江山易，坐江山难。战争年代，人们能吃苦。因为，许多人吃眼前的苦，是为今后的幸福。和平年代，人们考虑更多的是享受胜利的成果，享乐主义滋生，弥漫奢靡之风。

第三，生产建设的考验。革命党的主旨，是破坏旧世界。执政党的使命，是建设新国家。而且，这个建设的道路极其曲折和漫长，涉及的领域非常广泛，新概念、新科技、新问题层出不穷。因此，执政党的干部，欲为官一任、造福一方，胜任其领导者的角色，必须时时刻刻殚精竭虑，千方百计使自己成为生产和建设的中坚。

因此，尽管革命时期我们有千千万万的英模人物用鲜血和生命缔造了辉煌的井冈山精神、延安精神，堪称中国共产党的传家宝，但是，那毕竟是战争年代的产物，其直接指向是革命和夺权。焦裕禄和焦裕禄精神则不同，他是我们同时代的产物，其基本旋律是执政与建设，更鲜明地体现了执政党的特点和时代精神！

尽管焦裕禄辞世已达半个世纪，但是，他与我们今天干部面对的问题是基本相同的。他的思维方式和做法，更值得我们今天镜鉴。将焦裕禄和焦裕禄精神，作为全党干部加强党性修养、转变工作作风的标杆，更为适宜。

2. 典型的真实性

今日中国，处于公信力的"低谷"。英模人物出现，似乎很少能在人们心目中掀起什么波澜。许多奖章、荣誉证书、称号，均为个人申报、填表、述职，而后由评委们投票决定或领导"圈定"。

由于是个人申报，所以申报者无不渴望当选；由于是评委们"票决"或领导"圈定"，所以，"跑评委""跑领导"成为公开的秘密。更高规格的荣誉和称号，往往还会辅之以媒体的炒作，还须"跑媒体"。

人们似乎已经忘记，许多真正的英雄，他们并不希望被人们称作"英雄"，也不希望得到那份"奖金"。他们不愿为自己去申报什么荣誉，只是默默地做自己想做的事，不屑于也没有时间去争名于朝、逐利于市。因此，那些自己"申报"的、"评"出来的、"跑"出来的"英雄"，未必都是真英雄。

假作真时真亦假。这么评来评去，跑来跑去，终致公信力丧失。面对有些挂着奖章、披着绶带、捧着证书，被媒体炒得眼花缭乱的"典型"，人们困惑、猜想乃至怀疑，是可以理解的。

然而，焦裕禄是真正的英雄，没有人怀疑。

首先，那个年代，无论什么荣誉，包括职称、劳模、先进工作者、优秀党员和各种奖励，没有个人申报的。社会的流行语是："好让别人说，自己别说"，"在荣誉上不要伸手"！所以，不仅仅是焦裕禄，那个时代涌现的先进人物，人们都由衷地信赖，很自然地投以敬佩的目光。

其次，焦裕禄在兰考，为别人颁发了无数的奖励和证书，他自己并没有获得过任何奖励和证书。他之所以成为大家心目中的英雄，未经任何人为操作，完全是由于一次经验交流会别人发言的"跑题"！

在大家的印象中，似乎是新华社副社长穆青一行首先发现"焦裕禄"。1992年2月14日《新闻出版报》第490期的《北京电视台推出文艺晚会、40位记者一展风采》一文提到，"最早报道焦裕禄"的是新华社记者"穆青、冯健、周原"。

按照周原的说法，"焦裕禄"是他在采访中意外发现：1965年底，新华社副社长穆青来河南，指示他先到豫东摸摸情况，物色采访线索，目的是宣传改变灾区面貌的精神。他到了兰考，见到县委宣传部干事刘俊生，得知了为救灾而牺牲的焦裕禄，精神非常感人，于是决定改变原计划。之后，就有了1966年2月穆青、冯健、周原发表的《县委书记的榜样——焦裕禄》。

此说遭到原新华社河南分社记者鲁保国的质疑。1992年4月8日，鲁保国于《新闻出版报》发稿指出：穆青等3位同志的长篇通讯《县委书记的榜样——焦裕禄》的发表，是在焦裕禄逝世后的第三年。而早在焦裕禄逝世当年，即1964年11月20日的《人民日报》，鲁保国和张应先、逯祖毅就发表了长篇消息《焦裕禄同志为党为人民忠心耿耿——中共河南省委号召全省干部学习已故前兰考县委书记为人民服务的革命精神》（新华社通稿）。

显然，张应先、鲁保国、逯祖毅早于穆青等人宣传焦裕禄。其背景是：这年9月，新华社河南分社派张应先、鲁保国、逯祖毅赴兰考采访，20余天后，他们即向《人民日报》提交了稿件。

值得注意的是：三位记者是"奉派"采访，而他们所发稿件的副题是"中共河南省委号召全省干部学习已故前兰考县委书记为人民服务的革命精神"！可见，焦裕禄现象也不是他们首先发现。早在他们赴兰考采访之前，河南省委已经发出了向焦裕禄学习的号召。

那么，河南省委是何以得知焦裕禄事迹的呢？

2005年7月，原中共开封地委书记张申接受凤凰卫视记者采访时说："焦裕禄去世后，我们认为这个同志很好，精神可嘉；当时地委就发出向焦裕禄学习的通知；以后又报到了省里，省里也通知学习焦裕禄。"❶ 按照此说，似乎是开封地委慧眼识珠，首先发现焦裕禄并上报成为"典型"的。

---

❶ 凤凰大视野：寻找英雄（五）——焦裕禄。

| 好书记焦裕禄

附：中共开封地委文件《关于学习已故的前县委书记焦裕禄同志为人民服务的革命精神的通知》〔开发（64）176号〕

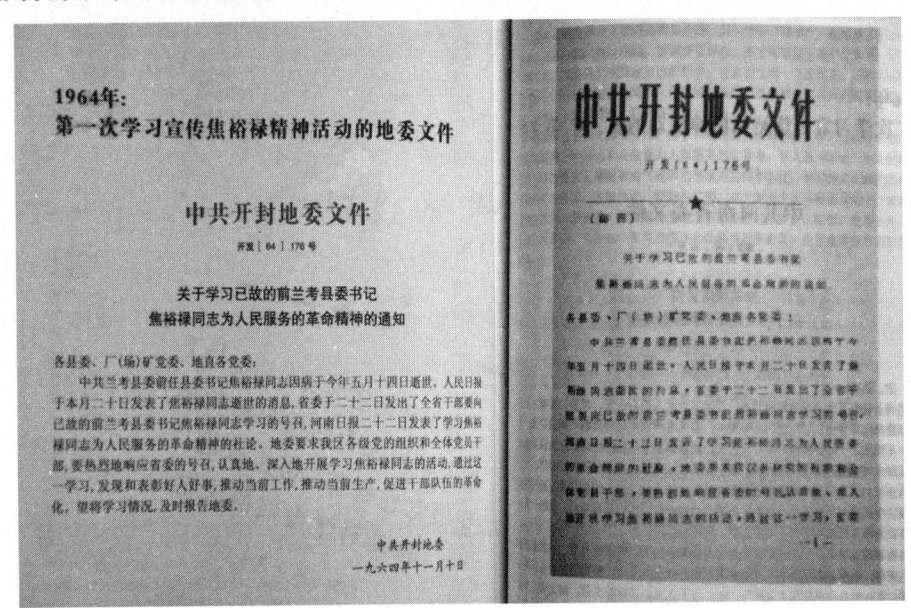

笔者注意到，开封地委关于向焦裕禄学习的通知，落款日期是"一九六四年十一月十日"。这个时间的确先于《人民日报》11月20日的消息。可是，正是这一文件的内容，却提到"人民日报于本月二十日发表了焦裕禄同志逝世的消息，省委于二十二日发出了全省干部要向已故的前兰考县委书记焦裕禄同志学习的号召"！读者不禁要问："11月10日"的文件，怎么可能提及"11月20日"以后的事情呢？所以，很明显，该文件应是在11月22日之后发出，只是落款时间有误。因此，不是开封地委"上报"学习焦裕禄在先，而是河南省委"号召"学习焦裕禄在先。

那么，中共河南省委是如何得知焦裕禄事迹的呢？事情缘起于一次全省性的工作会议，很偶然，也很自然。

1964年5月，河南省在豫东民权县召开沙区造林会议。按原计划，整个上午的会议议程，是由4个沙区造林先进县作典型发言，

介绍沙区造林的经验,每人 1 小时。第二位进行会议发言的是兰考县县委副书记张钦礼。❶

张钦礼滔滔不绝。但讲着讲着,人们发现,他竟然讲跑了题——把一个"经验交流"讲成了"焦裕禄事迹"!

在全省性的工作会议讲话跑题,简直不可思议。原因不外有二。第一,兰考防沙造林的每一步都与焦裕禄难解难分。讲治沙,绕不开焦裕禄;不讲焦裕禄,治沙无从谈起。第二,焦裕禄是 5 月 14 日去世。书记去世,副书记前往治丧。追悼会刚刚结束,张钦礼致了悼词就来开会,尚未自悲痛中振作起来。

主持会议者是当时河南省副省长王维群。主讲人发言"跑题",本当干预。可是,他眼见全场 400 余人全神贯注,无不动容,包括王维群本人也禁不住身心震撼!一个小时过去,王维群副省长站起来,坚定地说:"接着讲,不受时间限制!"。这样,张钦礼一口气讲了足足两个半小时,直讲得整个会场泣泪横流。

王维群不愧是老干部,曾任中共七大代表,很有魄力。他当即宣布:"转换会议主题,下午全体讨论焦裕禄事迹!"

会后,1964 年 8 月 29 日,张钦礼给河南省委写了一份《关于兰考人民除"三害"斗争中焦裕禄事迹的报告》。其中讲到,"焦裕禄活着的时候,除'三害'很有成绩;临终还念念不忘根治'三害',死后要求组织上把他送回兰考,埋在沙滩上,要看着兰考人民把沙丘治好"。当时的省委副书记赵文甫读到这段文字时流泪了,他在"四清"工作会议上,高度赞扬了焦裕禄大公无私、忘我工作的精

---

❶ 张钦礼,兰考南彰乡张庄人。1945 年参加革命。22 岁就当了考城县县长。1954 年,兰封与考城两县合并为兰考县,张钦礼任县长。1959 年"反右倾"时被免职下放到兰考农村。1962 年经平反而重回县委领导岗位。焦裕禄初到兰考,张钦礼任县长、县委副书记。兰考县志载:1963 年 12 月,程世平当选县长。此时的张钦礼,应为分工主抓除"三害"的县委副书记,为焦裕禄治理兰考"三害"最重要的助手。由于其特殊的身份,焦裕禄逝世后,张钦礼为大力宣传焦裕禄同志的革命事迹和精神做出了独特的贡献,焦裕禄事迹的素材大部分来自张钦礼。

神,号召全省党员、干部向他学习。之后,有关方面编印的《四清简报》登载了赵文甫副书记的讲话,全省干部开始向已故县委书记焦裕禄同志学习。❶

鲁保国回忆:他当时奉派参加了1964年5月沙区造林工作会议的采访。会议期间,他感觉到焦裕禄是一个重大报道典型,并专门向新华社河南分社领导作了比较详细的汇报。恰在这时,河南省委的一位副书记在对一份简报材料的批示中,表扬了焦裕禄,号召全省干部向焦裕禄学习。征得新华社的同意,河南分社正式认定焦裕禄是一个重大典型,要求进行更深入采访,并作突出报道。此后,鲁保国和张应先、逯祖毅赴兰考采访。显然,根据鲁保国的自述,他们到兰考采访,是在河南省委发出向焦裕禄同志学习的简报之后。时任兰考县委宣传部干事的刘俊生也证实,这次采访发生于1964年9月。

成都科技大学出版社出版的《中国当代著名编辑记者传集》第一集第614页,对三位记者之一鲁保国的介绍中说:"该同志首先发现并参与最早报道了曾在全国人民心目中具有深远影响并具有重要历史意义的重大典型焦裕禄。"应当指出,这里说鲁保国"首先发现"焦裕禄是不妥的。

记者的"发现",是在河南省委作出向焦裕禄学习的决定之后;而河南省的决定,则是源于1964年5月的沙区造林会议上经验交流的"跑题"。因此,焦裕禄这个典型,不是领导圈定的,不是评委评出来的,也不存在任何媒体炒作的嫌疑。这个典型的出现,没有任何主观因素,他是在实际工作中自然而然涌现出来的英雄!自然的,最可信。

4个月以后,新华社才像发现新大陆一样,盯上了豫东这个全

---

❶ "是谁发现了焦裕禄?",《湖南工人报》2013年3月20日第7版。

国最穷的县,派记者到兰考采访。新华社副社长穆青一行五人深入兰考采访,发表了长篇通讯《县委书记的榜样——焦裕禄》。中央指示,要像宣传雷锋一样,不惜时间,不惜版面,大张旗鼓,雷厉风行地宣传焦裕禄,那都是后来的事情。

3. 事迹的感人性

焦裕禄的事迹,让无数中国人流下了眼泪。

张钦礼在河南省沙区造林工作会议上介绍经验,提及焦裕禄事迹,全场无不流泪。

作家任彦芳,1964年冬回兰考省亲,母亲流着泪,向他述说"老焦"去世的噩耗。

时任兰考县委新闻干事的刘俊生回忆:1965年12月7日,新华社副社长穆青到兰考采访,自称参加革命28年没流过眼泪。可是,面对焦裕禄这个典型,刘俊生流着泪讲,穆青流着泪听,其他几位记者也禁不住抽泣。穆青泪流满面地说:"这是咱们党的宝贵财富,我们要重新报道焦裕禄。"

当晚,张钦礼、刘俊生、张思义、卓兴隆、李中修、曹庆瑞等座谈焦裕禄事迹。张钦礼一边说一边哭,所有的人都哭,人人都感动,人人都挥泪,记者们感动得记录不下去。

次日,记者们去兰考老韩陵村,找到曾与焦裕禄同住牛屋的农民饲养员萧位芬。老饲养员流着泪讲,穆青又一次泪流满面。穆青说过,长篇通讯《县委书记的榜样——焦裕禄》从头到尾,是眼泪泡出来的!

穆青后来回忆说:"当时我们采访的时候,一面听介绍,一面记录,记录都记录不下去,笔记本上很多眼泪。讲的说不下去,我们记不下去……这种情形在我几十年的采访中是很少有的。一提起来就哭,提起笔就掉泪,这怎么行啊,最后我们说就换个地方吧……

初稿是在开封写出来的。"

冯健回忆说:"我想到焦裕禄的一个个故事,在我脑子里闪现的时候,我就想,我面对焦裕禄在跟他谈话,我这个眼泪呀就不由自主地滴在稿子上。"

1966年2月7日,这篇通讯经中央人民广播电台向全世界播送。在中央人民广播电台录音间,最优秀的久经历练的播音员齐越竟在朗读时忍不住失声痛哭,以至于中断了十几分钟的录音。

国家主席习近平回忆:"学习焦裕禄时我上初中,当时政治课老师读报,读着读着便哽咽了,听着听着我们也流泪了。"

长篇通讯《县委书记的榜样——焦裕禄》播出后,全国各地几乎每天都有数以千计的群众涌入兰考县,他们在焦裕禄的墓前哭祭、宣誓,以致铁道部破例发布公告,陇海线的列车一律在兰考这个三等小站停靠。

数十年后,1990年,焦裕禄事迹拍成电影故事片,李雪健主演。看那电影,无数人以泪洗面。

2007年国庆三天,在中央电视台"百家讲坛"讲述《焦裕禄》时,笔者泪洒讲坛。在"百家讲坛"录制现场,讲到焦裕禄念及群众生活而舍不得吃药,听众们泪流满面,全场自发鼓掌;讲到焦裕禄披肝沥胆,殒命黄沙,全场更哭成一片!这位素称硬汉的教授,在讲坛上数十年未曾落泪,虽一再控制自己的情绪,仍难免过度伤感而痛哭失声,节目的录制,被迫中断了四次!

节目播出时,亿万观众潸然泪下,激情如潮。以下摘录一些博客内容。

2007-10-10 我的博客:

前段时间看百家讲坛讲焦裕禄的故事,让我很震撼。吃饭时数度难以下咽,这绝不是作秀。因为就我一个人在看……焦裕禄,他

应该不仅仅是那个时代的精神,更不应该仅仅成为今天的回忆。❶

2007－10－04 牧驴山人:

看了几年的央视《百家讲坛》,第一次看到主讲人流泪了……讲到县委书记的榜样——焦裕禄吃百家饭、被病痛折磨、去世、遗体回兰考等,我都流泪了,我为焦裕禄而流泪,为焦裕禄的精神而流泪,为焦裕禄的早逝而流泪。❷

2007－10－03 山中野百合的春天:

下雨了。听郑州大学周文顺教授讲兰考的榜样,兰考的儿子,兰考的救星焦裕禄……我的眼泪不止一次冲出来!忍住~冲出来~又忍住!终于我再也没有忍住!发现而立之年,自己原来还是这么单纯,还可以这么善良!❸

2007－10－03 哈林天堂:

看了百家讲坛周文顺教授讲的《焦裕禄》,从头至尾,眼泪就没有停过,一直都在默默地祈祷,这么好的干部,死后一定能到天堂……❹

2007－10－03 平民的江湖:

讲到焦裕禄至死都念念不忘兰考人民,周教授流出了泪花。我坐在电视机前也为之动容,一边看一边痛哭流涕。❺

2007－10－4 天涯之芳草:

昨天清晨打开电视,看到百家讲坛正在讲焦裕禄的故事……当看到"英年早逝"、"魂牵梦莹"时,我已经泪流成河。❻

---

❶ http：//blog.163.com/pzh_770/blog/.
❷ http：//blog.sina.com.cn/s/blog_4a78cc0201000bav.html.
❸ http：//452765394.qzone.qq.com.
❹ http：//liuyong7495.blog.hexun.com/13444080_d.html.
❺ http：//blog.sina.com.cn/s/blog_43a2bba101000b36.html.
❻ http：//bbs.eduol.cn/post_14_181219_141.html.

蕙荷小筑：

1日~3日，欣赏周教授在《百家讲坛》对焦裕禄故事的性情表白，我亦随之泪流。一年多的时间，他便能有成就，而我碌碌十余载，似乎无一可谈。❶

2007-10-07 老鱼人：

国庆三天，看周文顺教授在百家讲坛讲《焦裕禄》，全家无语，泪水横流……连日来，朋友见面谈的都是焦裕禄，大家都哭了。多年来，我第一次强烈地感到，广大人民群众的情感的相通！我们社会正气的回归！人的善良本性的回归！❷

2008-06-06 天池墨客：

偶然打开中央电视台十频道，里面正播放《百家讲坛》节目，是郑州大学教授周文顺在讲"焦裕禄"……特别是教授在讲焦裕禄病魔缠身还忘我工作，有一次竟因疼痛跌倒在地时，哎呀，那一刻我的眼泪汪洋恣肆起来。就在这时，让我震惊的事情发生了：周文顺教授突然失声痛哭起来，随之两手捂脸，抽泣哽咽，像个失去了亲人的孩子孤单无助极了。我再不能自抑，也陪着教授放声大哭起来，一个在讲坛上，一个在电视机前。❸

2007-10-22 月光中的肖邦：

今天听到《百家讲坛》中周文顺教授讲述的焦裕禄，让我又一次受到了痛彻的心灵洗礼……我在冰冷的屏幕前数次泪如泉涌……❹

我们不禁要问：过去的，现在的，无数的中国人，他们为什么流泪？是由于讲述者的煽情，还是由于记者们的文笔好？是由于蒙太奇的力量，还是受众们意志脆弱？为什么所有的形式——讲话、

---

❶ http://blog.163.com/anysys_lee2/blog/static/24474095200794105 51957/.
❷ http://tv.bbs.cctv.com/viewthread.php?tid=290027.
❸ http://blog.lyge.cn/user/dhxxxg/archives/2008/15232.html.
❹ http://jeffery426.blog.sohu.com/68073820.html.

座谈、文字通讯、播音、故事片、电视专题，只要提及焦裕禄，都不能自已？从最普通的农民饲养员，到新华社泰斗级的大腕；从当年中央人民广播电台的著名播音员，到今天成千上万的普通网友；从天真烂漫的中学生，到阅历丰富的教授；从县委一般工作人员，到县长、省长，哪怕你是铁石心肠，只要一触及焦裕禄这个人，都难免流下感伤的泪水？因为焦裕禄的事迹太感人了，焦裕禄这个人太好了。

2007年，为在《百家讲坛》讲述焦裕禄，笔者曾两次专程赴兰考实地考察，亲身感受了兰考人民对这位已故县委书记的爱戴和怀念。虽半个世纪过去了，那些当年的老农，每每言及"老焦"，仍禁不住热泪盈眶。

执政党面临的最大难题是干群关系。焦裕禄作为一名执政党的干部，其最耀眼的光芒即与人民群众的密切关系。那种关系，是真切的血肉相连，以致他的离去，成为人民心中永久的痛！

焦裕禄和焦裕禄精神，适时、真实、感人！正如习近平总书记指出："焦裕禄同志是一个很高很高的标杆，虽不可及，但我们要见贤思齐。"[1]

那么，焦裕禄究竟在兰考做了什么，以致如此感人至深？

---

[1] "让生生不息的焦裕禄精神发扬光大——习近平兰考缅怀焦裕禄记"，《河南日报》2009年4月7日头版。

第二章 临危受命

兰考县地处豫东平原，北依黄河，东临山东，面积 1 116 平方公里（1962 年兰考面积略低于 1 080 平方公里），古属豫州之地。西周时期，其西部属魏国，东部属戴国。至春秋，周王室衰微，齐桓公称霸，于葵丘会盟诸侯。葵丘位于今兰考县境，因此，兰考亦有"葵丘"之称。秦时，此地分别设置了东昏县和谷县，后又演变为兰阳、仪封和考城三县。清代，兰阳、仪封二县合并，以二县首字为名，称兰仪县。之后，又因讳皇帝溥仪之"仪"字，改兰仪县为兰封县。新中国建立后，1954 年，兰封、考城二县合并，以二县首字为名，称兰考县。

焦裕禄到兰考是 1962 年。当时，河南省委、开封地委提及兰考县，就感到难堪。

一、严峻的背景

众所周知，1959～1961 年，是我们共和国历史上最困难的三年。一方面，1958 年兴起的"大跃进"和"人民公社化"运动对我国经济造成大规模的破坏；另一方面，我国大部分地区，连续三年遭到严重的自然灾害。这一时期，全国粮食产量由 1958 年的 4 000 亿斤下降到 1959 年的 3 400 亿斤，1960 年又下降到 2 870 亿斤，虽然1961年粮食产量略有回升，仍只有2 950亿斤。粮食的持续缺乏，必然造成食油、肉蛋等副食品供应不及，形成了全国性的饥荒。

人祸天灾，致使群众生活举步维艰。有些地方的情况尤其令人触目惊心，甚至出现严重的非正常死亡现象。

"不怕标准低，就怕口粮断"，粮食困难成为国家头等大事。为解燃眉之急，中共中央一个会议接着一个会议，一方面从政治上纠正"左"的倾向，正视困难；另一方面采取一系列措施，紧急筹措粮食。情急之下，甚至忍痛投入巨大的运输成本，"割肉补疮"，制定"以早济晚"和"以晚济早"的季节性调剂政策。即：夏秋季节，将南方收获较早的小麦、早稻调运东北；冬春季节，再将东北晚熟粮食调回关内，以度春荒。

国务院不惜大量动用国家为数不多的金银储备，从加拿大、澳大利亚进口粮食，通过法国转口购买美国粮食。1961～1962年，国家共出口黄金136万两、白银16 000万两，进口粮食117亿斤。[1]

1962年，全国的粮食形势略有好转。但是，局部地区依然严峻，中央仍然天天为粮食发愁。党和国家领导人、中央各相关部委，殚精竭虑，忧心如焚，要求各省尽可能多地向国家提供可资调用的商品粮。

兰考是典型的农业县，值此危难之际，本当为国家分忧解困，多提供粮食。可是，它不仅拿不出粮食，反而年年要国家"倒贴"救济粮2 000万斤。

哀莫大于心死。更令人忧心的是，那时的中共兰考县委，几乎被眼前的困难压垮，不少同志对扭转兰考灾局感到绝望。县委、县政府的日常工作基本停顿，接受和发放救济物资、救济款，成为全县唯一的"生机勃勃"的工作。

---

[1] 尚长风："三年困难时期的紧急救灾措施"，载《当代中国史研究》，2009年第4期。

集体经济，干部是关键。现年93岁、时任开封地委书记的张申同志回忆："那时候兰考的生活非常困难，前任县委书记面对困难，毫无办法；而且这个人生活作风有问题，群众意见强烈，必须调换。不换不行了，外出逃荒的越来越多，劳动力都逃荒出去了，土地谁来种？所以，兰考要改变面貌，首先得把县委第一把手换了。"是为扭转兰考的窘况，从1962年年初，河南省委、开封地委开始物色强有力的干部到兰考。

但是，临危换将，谈何容易？穷家难当，穷官难做。兰考实在太穷了，已经穷到了危及人民生存的地步。

二、贫穷的兰考

兰考的贫穷是事实。新中国成立以来，我们党在社会主义建设方针方面的失误，也应该勇于担当。但是，"打盆说盆，打罐说罐"，对事物的观察，必须客观。不顾实际地信口开河，"墙倒众人推"，将所有失误都归咎于某一方面，不仅不能令人信服，甚至也可能导致新的失误。

1. "大跃进"不是"恶水缸"

有人将兰考的贫困，完全归咎于1958年的"大跃进"运动："兰考是黄河边上的一个沙地大县，黄河经常在这里决口。这里的沙土地不适合种粮，却适宜种花生、芝麻和西瓜，依靠这些经济作物，兰考农民仍可以维持温饱。直到1957年，兰考还是一片林茂粮丰。但到了1958年，全国掀起'三面红旗'和'大办钢铁'高潮，整个兰考用于防沙治沙的树木几乎被砍伐殆尽……失去树木以后，洪涝灾害也变得非常频繁；由于地下水位上升，又造成了大片

的盐碱地。因此形成内涝、风沙和盐碱灾害,被称为兰考'三害'。"❶

笔者曾试图考证1958年"大办钢铁",兰考到底砍了多少树。可是,直至今日,没有看到任何相关严肃的记载。有位老同志回忆:"1958年大办钢铁,砍树当柴烧,那都是几百年古树啊!"

这一说法是可信的。因为正常的树,活树、湿树,即使砍倒,也很难用来当柴烧。何况是冶炼钢铁,那需要数千度的高温。所以,当时砍掉的,应该都是一些老树、古树、将枯之树。这些树本当倍加珍惜,却被当柴烧,确实令人惋惜。

但是,我们必须承认:这种树非常稀少,它们的存在,重在文物价值,而非防风固沙。因此,说"大办钢铁","整个兰考用于防沙治沙的树木几乎被砍伐殆尽",是有悖常识的。

正是在考证"砍树"的过程中,笔者翻阅相关的史料。结果发现,兰考那些年不仅没有大规模破坏林木,反而大面积植树造林。

附:1949~1989年兰考县造林情况统计表❷ 单位:亩

项目 年份	造林面积	其中			四旁植树 (万株)
		用材林	防护林	经济林	
1949	2 003				
1950	4 678		3 500	1 178	
1951	11 000		10 000	1 000	65
1952	16 000	560	14 000	1 440	73
1953	15 123	1 990	10 250	2 885	102
1954	13 250	8 179	507		205
1955	15 553	8 001	7 552		80

❶ 杜君立.焦裕禄的神话与张钦礼的悲剧[EB/OL].(2012-05-11) http://d3773.blogchina.com/1270927.html.

❷《兰考县志》,中州古籍出版社1999年版,第367页。

续表

年份\项目	造林面积	其中			四旁植树（万株）
		用材林	防护林	经济林	
1956	26 593	6 681	3 872	16 042	189
1957	16 847	902	758	65	169
1958	60 451	21 010	24 701	14 740	105
1959	84 299	34 570	15 342	34 387	82
1960	90 375	37 872	28 333	24 170	93
1961	56 573	11 897	18 683	24 170	53
1962	8 436	2 456	4 034	1 946	43
1963	43 478	9 122	32 787	1 569	55
1964	51 545	15 292	13 936	12 317	91
1965	58 571	17 937	38 255	1 379	125
1966	102 818	39 835	60 662	2 321	130
1967	34 085	27 996	4 133	1 956	180
1968	12 898	11 000	1 689	209	97
1969	49 366	26 124	22 100	1 142	367
1970	19 562	9 540	9 200	822	315
1971	42 736	22 000	20 000	736	127
1972	14 039	12 000	1 100	939	253
1973	20 193	12 430	6 844	919	303
1974	82 880	25 432	51 348	6 100	4.24
1975	7 000	2 000		5 000	450
1976	9 500		1 500	8 000	410
1977	5 315			5 315	460
1978	13 469				545
1979	82 314	42 470	24 367	15 467	600
1980	73 506	24 222	6 345	42 939	1 089
1981	70 956		9 795		2 266

续表

项目 年份	造林面积	其中			四旁植树 （万株）
		用材林	防护林	经济林	
1982	29 980		12 819		1 440
1983	81 103		13 942		1 685
1984	86 103		18 942		2 064
1985	4 500	1 000	3 500		455
1986	2 226		2 226		104
1987	3 240		1 200		185
1988	1 010		1 000		50.1
1989	300		300		102

上表说明，恰恰是1958~1960这三年，是造林面积比较突出的三年，甚至相当于1957年造林面积的三倍到五倍！尤其是1960年，兰考造林面积高达90 375亩，仅次于1966年的102 818亩，位居1949~1989年四十年间第二位！同时，这三年兰考植树造林，"防护林"占有很大的比重，说明当地已经认识到林木的防风固沙作用，怎么可能"将林木砍伐殆尽"呢？

而且，将"洪涝"归咎于砍树，将"地下水位的上升"也归咎于砍树，根本就是逻辑混乱。难道说，有树洪涝就会失踪，有树地下水就不会上升？至于说"直到1957年，兰考还是一片林茂粮丰"，更是一派胡言！若说兰考的某些年份风调雨顺，粮食收成较好，是可信的；说1958年"大跃进"的失误，使兰考本已严重的灾难雪上加霜，也是事实。但是，兰考1957年的林木绝对没有1958年的茂盛！"大跃进"不是恶水缸，不能因为"大跃进"犯了错，就把所有苦难都归咎于它。

客观认识苦难的真正原因，才能找到走出苦难的正确途径，避免在今后的发展中重蹈覆辙。兰考的贫困，并非自1958年"大跃进"开始。

2. 贫困由来已久

兰考的贫穷由来已久。读《兰考县志》，诸如"赤地千里""大风拔禾"等极端化字眼比比皆是。

尤其明清时期的记载，简直令人毛骨悚然。诸如：

"诸禾皆枯，寸粒无望，遂成岁荒。冬大饥，岁序无成。田野一空，谷价腾贵。人饥饿，土寇蜂起。人逐相食，三人行，二人吃一人。"[1]

"秋积雨七旬，河决沛县至考城，兰阳城内无完屋。"[2]

"石糠五钱银。集有人市，百钱一女，市卖人肉，人相食。"[3]

"九月九日东关外，一老妇煮幼童食之，邑侯钉于树，以警众越。"[4]

"兰阳岁前大饥，道路剽劫横行，村落萧然。春大疫，正月至五月，阖城瘟疫，数日即死，贫病死者不可胜记，富豪者仅存十之一二。"[5]

"河决兰仪四明堂，六月二十一日河溃，灌考城，城外水深八九尺，淹没八十多村……"

凡此，字字句句，触目惊心。贫病者饿死，富豪亦难免；一女之价，贱若谷糠！最令人不堪者，饥饿的人们，甚至以人肉为食。而从"市卖人肉"看，"人相食"已司空见惯，甚至形成了市场，公开售卖。

食人，在现代人看来是极为野蛮、恐怖的行为。但是，按照马克思的观点，在人类发展的历史长河中，食物极度缺乏时，将死去之人吃掉，确曾普遍发生。然而，"三人行，二人吃一人"，"老妇

---

[1][2][3][4][5] 《兰考县志》，中州古籍出版社1999年版，第158、159、20、158、21页。

煮幼童食之,邑侯钉于树,以警众越",这些记载说明,被食者,似乎不仅仅是死去之人。据清《兰阳县志》记,当地甚至曾发生"老妪食孙"的惨剧!❶

山东莱县知县李希程,是兰考县人。做官十余年,省亲返乡,放眼望去,竟至面目全非,不知所途,遂大悲,赋诗一首:

省 亲

一望荒原人远村,

无人识是旧东昏。

秋风废宅丛蛰唧,

夜雨横碑垒藓痕。

阅代官民河水逝,

昔年市井野烟屯。

颓垣尽天名谁改?

禾黍离离欲断魂。❷

官毕竟是官。走马观花,很难触及兰考最底层的黑暗。然而,诗中所述"一望荒原""颓垣尽天""禾黍离离",确难免令人有断魂的感伤。

民国时期,兰考社会似乎有所进步。不再有食人之说,但县志的记载,也堪称血泪斑斑。例如:

民国二十二年(1933年)水灾:"大堤决口,洪水直冲县城,县城顷刻淹没在洪流波涛之中。城内水深丈余,居民扶老携幼逃到城墙上、屋顶上,哭叫连天,无人营救,因饥饿疲劳落水身亡数百人。"❸

民国三十一年(1942年)旱灾:"大旱,几乎无雨,赤地千里,

---

❶❷❸ 《兰考县志》,中州古籍出版社1999年版,第306、135页。

作物枯败，兰封出外逃荒七万余人。冻死饿死者无数。"❶

据百姓回忆，1940年，因贫病交加，兰考爪营乡3个村庄竟至完全绝迹。❷

1947年春，大风一昼夜，张庄周围十里之内不剩一棵麦苗，早播的高粱、谷子全被大风刮走。饥饿的农民为生存而触法亡命，向富户抢粮，向政府抗税。是年，城关韩村25户人家，其中24户因抗税而坐牢。❸

当地广泛流传的一些民谣，也从另一个侧面印证了兰考悲惨的历史。例如：

逃荒谣

冬春风沙狂，

夏秋水汪汪，

一年劳动半年糠，

交租纳税恨官堂，

扶老携幼逃荒去，

卖了儿和女，

饿死爹和娘。

一家人扶老携幼外出逃荒，回家来仅剩一人，一幅多么悲惨的"逃荒图"！

兰考的贫穷，在很大程度与当地恶劣的自然条件有关。据老百姓回忆，旧社会兰考的地主也吃"窝窝头"，只有农忙时才能吃得上"白面包皮馍"。❹

而且，村有地主，还是条件较好的村。有的村穷，甚至穷到连地主都没有的地步，连见多识广的毛泽东主席都感到意外！

---

❶❷❸ 《兰考县志》，中州古籍出版社1999年版，第306页。

❹ "窝窝头"是粗粮食品，多以玉米面、高粱面或红薯面等制成；"白面包皮馍"则是以细粮为皮，内包粗粮。

1952年10月29日下午，毛泽东的专列从徐州驶入河南，停靠兰考车站。当晚，专列驶进兰（封）坝（头）黄河防汛专用铁路，停靠在许贡庄村旁。

次日清晨，毛主席散步到许贡庄，在村边打谷场与农民王廷选交谈。

主席问："你家啥成分？"

王廷选答："贫农。"

主席又问："村里有几户地主？"

王廷选答："没有地主。"

毛主席一听，非常惊讶，竟至一时无语。❶

地主有钱，也希望选择富庶之地置办庄园，兰考的自然条件太恶劣了。

新中国成立后两三年内，全国劳动人民都过上了好日子。因为革命打倒了剥削，那些因被剥削而贫穷的人，生活得到根本性的改变。但是，兰考的穷，并非完全是剥削造成，在很大程度上是与恶劣的自然条件有关。不根除自然灾害，就不可能从根本上改变贫穷。

3. 严酷的现实

焦裕禄到兰考县是1962年12月。从《兰考县志》所列《1949～1989年兰考县粮食产量统计表》看，这一年恰逢兰考现代史上最艰难的时期。

在中华人民共和国史上，所谓"最困难时期"是指1959～1961年"三年严重自然灾害时期"。这三年兰考的粮食产量和全国一样困难。尤其1961年，兰考的大旱和虫灾，造成16万亩农田绝收，

---

❶《兰考县志》，中州古籍出版社1999年版，第88页。

产量甚至低于1949年的产量。可是，1962年，全国的形势回暖，当我们共和国开始从三年困难的低谷中走出来的时候，兰考的情况却变得更糟！正是这一年，兰考旱、涝、风、蝗四灾交加，农田遭灾面积高达532 000亩❶，粮食产量大大跌破谷底。包括夏、秋两季在内，全年粮食单产竟然低至23.1公斤！产量之低，在1949～1989年的41年间"空前绝后"，仅相当于1949年粮食单产的60%。全县粮食总产量2 531万公斤，同样是41年最低值，相当于1949年的57.1%。

与此同时，兰考的人口却大增。1949年兰考全县总人口325 796人，1962年总人口达到369 127人❷，按此计算，1949年兰考人均占有粮食139.5公斤，1962年人均仅有68.5公斤。有些村穷得简直令人难以置信，以城关乡北街村为例：全年人均仅分得20多斤小麦。

连年严重的灾害，使村民们无心种地，试图以一技之长，弥补生活之需。面对盐碱滩一望无际，杂草丛生，村民们或架锅熬碱，或垒灶制盐，有的采挖药材鸭舌草，有的推小车搞搬运。可是，到头来依然是一贫如洗。

到兰考考察，有一点令我震撼，那地方人很穷，但是很多民谣写得非常好，韵律铿锵上口，内容生动真切，很值得研究。请看堌阳民间流传的一首歌谣：

光棍汉

前刁楼，后左寨，
鸭儿嘴，盐碱片，
卖土盐，推小车，
还有一百零八个光棍汉。

---

❶❷ 《兰考县志》，中州古籍出版社1999年版，第284、167页。

刁楼、左寨，是当地副业搞得比较好的两个自然村。他们贩药材，熬盐碱，搞运输，也算是拥有一定的技术含量。可是，即使如此，仍然穷得连媳妇都娶不到。

2007年，笔者到兰考访谈农民。在堌阳镇秦寨村，见到一位当年华东野战军退伍的老兵。他告诉我：那时相亲，根本无须到家。附近有个村叫关庄，媒婆带母女俩来秦寨村相亲，站在黄河故堤一望，哇，白茫茫一片盐碱地，人家连村都没进，扭头就走，说："闺女嫁到这，还不饿死？"老兵很幽默，说："姑娘好办，远嫁安徽。后生可惨了，找对象只能找丑的，谁难看找谁！"

其实，1962年，堌阳镇秦寨村还不算最穷，全年人均15斤麦子。姜楼村更少，全年人均仅12.5斤小麦，该村妇女队长因少分到半斤小麦曾闹到县政府，后经调查方知，过秤时忘了除去口袋的重量。韩村最惨，夏季小麦基本绝收，秋季全村人均仅分得12两（小两，16两为1斤）高粱穗。

境况如此悲惨，怎么生存？焦裕禄初到兰考，曾接到县检察院副院长张增勇来信，反映崔园子公社有10个生产队出现人口外流，逃荒要饭，甚至出现"拆墙、扒房卖砖""卖子女，送童养媳"等严重问题。焦裕禄对该信件非常重视，立即签发县常委会，并采取紧急措施，对断炊农户先借贷一部分粮食，以解燃眉之急；而后迅速评估，发放救济粮。"三靠"——"吃粮靠返销，花钱靠救济，生产靠贷款"，是焦裕禄到兰考之前当地人民生活的真实写照。

但是，那时国家也不宽余，救济能力非常有限。按县委宣传部干事刘俊生回忆，当时的救济标准是"人均7两代食品"（红薯干、木须片等）；据当时的林业技术员朱礼楚回忆："一天补助四两二钱的红薯片。"补助标准是根据困难程度而定。总之，远远

不够。❶

兰考群众为维持生存,家家两条路:

第一,要饭。

过去,兰考县外出"逃荒要饭"者非常普遍。有说占全县人口50%以上,也有说占70%以上。由于外出乞讨是不允许的,村民们往往是悄悄地走,悄悄地回,没有人做过认真统计。

有人说:"兰考人喜欢要饭"。对这种说法,当年县委干部刘俊生老人非常愤怒:"头上长头发,谁想当秃子?"的确是这个道理。做人,都有个尊严。男人讲究腰杆,女人顾及脸面。非迫不得已,万般无奈,谁也不会在众目睽睽之下沿街乞讨。

说到底,兰考的灾害是黄河造成。黄河并非兰考人的黄河,治河更非兰考一县之功所能奏效。严格的户籍制度将兰考人民限定在黄河故道,不许迁徙。所以,仅就此点而言,当地群众是为国家做出了贡献的。他们世世代代守着那块贫瘠的土地。他们若不在那里守着,别人就得去守。

生在贫瘠的土地上,人们很难不贫穷。存在决定意识。穷到一定程度,生存受到威胁,为一家老小生计,外出行乞就具有了合理性和正当性。

作家张锲在其作品《河南漫行记》中提到一名复员军人,名字叫马同兴。他1945年参加革命,曾追随皮定钧将军南征北战,1956年复员回乡时任排长。此人毫不讳言称,自己曾外出要饭,甚至"去的地方,好多都还是我在解放战争中参加解放过的城市"。他所在的生产队共有62个劳动力,经常出去讨饭的有48人。❷

在那艰苦的年代,有些自称"兰考"的乞讨者,未必是真兰考

---

❶ 《我的中国心》,凤凰卫视2014年5月10日。
❷ 张锲:"河南漫行记",载《当代》,1980年第4期。

人。外地人打着"兰考"的旗号，假冒行乞也时有发生。因为兰考名气大，容易引起社会同情。

兰考人讨饭，让人看着心酸。郑州市离兰考120公里，经常有一群群的兰考乞丐游走街头。白天乞讨，晚上露宿，哪天太阳好，他们就把讨来的馒头、饭团摊开来晒。好多馒头已经发霉，变黑，生黄粉，他们用玻璃片刮刮，也舍不得扔掉。过去，城里人不理解，盛传他们把干馒头卖给酿造厂，做面酱，搞得市场甜面酱没人买。直到2007年，笔者到兰考考察才明白，原来他们是把这些乞讨来的干粮带回，配一些野菜，重新煮煮，那叫"百家饭"。

"百家饭"，对兰考的困境起过缓解作用。当时，兰考的乡亲们通常是正月十五出行，到麦收前回来，麦收后又出去，利用农闲，搞点干粮，以备不时之用。

除了"要饭"这条路，只有在家苦熬。

第二，苦熬。

笔者访问过一位姓徐的村民，他曾在兰考县城关乡北街村当过生产队长。他告诉我，当时留在家的人，生活十分艰难，见什么吃什么。处处"三光"：野菜拔光，树叶捋光，树皮剥光！听说谁家有棵榆树，一个晚上，能让它变成白溜溜的光杆。

树皮剥了，来年树死，树叶也没有；茅草根挖出来晒干、碾碎、熬汤、蒸窝窝头！草根都吃了，来年草也不生。如此恶性循环，日子越过越难。

笔者问："当时为什么不喂点鸡呢？"

他眼睛一瞪："还喂鸡？人都喂不活，树叶都吃光了，你让鸡吃啥？"

笔者又问："为什么不种西瓜？"兰考属开封地区，"开封大西瓜"闻名全国。

他一声苦笑，"还西瓜呢？要有个瓜子早磕开吃了。"

老徐讲了一个他的亲身经历：有一次，他和伙伴们到沙丘挖茅草根。茅草根是甜的，可做代食品。当时他们挖到许多黄芽芽，像黄豆芽，其实是苍耳子发芽。孩子们刨了许多回家煮食，结果吃的人全疯了——集体中毒！幸亏县医院及时送药，才算没出大事。

听老徐讲，我们终于理解了一件事：1963年春，焦裕禄设法从山东运来花生种子，让农民种花生，特意交代："大家千万不要吃啊，再饿也不能吃种子。现在吃一粒，到秋少收一百粒！"过去，我们不理解，难道这么简单、明了的道理，还须给农民讲吗？现在终于明白：饱食终日者，很难理解饥饿的人们。焦裕禄的提醒是必要的。因为，村民们太饿了，饿晕了，饿糊涂了。饥饿的人们，往往见什么吃什么。

在那艰难的岁月，兰考是否有人饿死，历来是一个颇受争议的敏感话题。因为"饿死"这个概念，很难界定。什么是"饿死"？人不可能几天不吃饭，就突然死去。再饥饿的人，往往也会喝些粥，吃点野菜，绝不可能一饿即死。其过程应该是：饥饿——营养不良——患病——不治身亡。所谓的饿死，最终表现均为"病死"。

所以，说饥饿可以，轻言饿死，往往会被动。穆青当年就曾经忧虑："这篇文章里，我们担心的是两件事情。第一个，是困难时期兰考没饭吃、逃荒，这个事情能不能写？不写困难，不写灾荒，焦裕禄的事迹、精神就写不出来；写了这些，就是暴露黑暗面。"——如是，连"没饭吃、逃荒"都不敢轻言，谈何"饿死"！

但是，笔者试图借助人口统计的方法，来解读当年兰考是否存在"饿死人"现象。见下表：

1949～1989年兰考县人口一览表[1]

年份	总户数（户）	总人口（人）	年份	总户数（户）	总人口（人）
1949	73 608	325 796	1970	90 340	440 879
1950	76 248	329 463	1971	93 400	454 354
1951	76 935	332 085	1972	96 425	465 307
1952	78 869	335 071	1973	97 920	479 506
1953	97 654	411 326	1974	99 904	489 974
1954	78 941	343 776	1975	101 445	497 407
1955	78 883	351 146	1976	103 231	500 880
1956	81 429	356 763	1977	105 709	506 002
1957	83 583	360 936	1978	106 343	513 927
1958	84 105	365 859	1979	106 865	523 243
1959	85 695	364 825	1980	106 784	529 396
1960	84 374	366 431	1981	109 742	537 935
1961	89 107	357 570	1982	109 403	541 171
1962	86 216	369 127	1983	110 883	556 867
1963	86 371	376 516	1984	114 583	567 385
1964	85 063	373 529	1985	116 606	573 760
1965	86 811	386 255	1986	118 904	580 716
1966	87 846	396 798	1987	122 397	620 674
1967	88 722	405 435	1988	128 211	638 145
1968	88 685	404 745	1989	133 487	655 059
1969	89 378	428 733			

表中所列40年间，兰考的人口数字逐年上升，从1949年的325 796人攀升至1989年的655 059人，人口数字翻了一番。但是，其中有五个时段人口是下降的。

---

[1] 《兰考县志》，中州古籍出版社1999年版，第167页。

（一）1953~1954 年，人口减少 67 550 人。但是，这年兰考的户数也同时减少 18 713 户。人口和户数同时减少，很可能是迁出造成的。

而且，仅就户数看，1953 年为 97 654 户，明显比正常年份高。不仅比 1954 年高 18 713 户，比 1952 年也高出 18 785 户。比前后年都高出 18 000 户，很可能是与当地行政区划变更有关。

（二）1958~1959 年，人口减少 1 034 人，户数却增加 1 590 户。

（三）1960~1961 年，人口减少 8 861 人，户数却增加 4 733 户。

（四）1963~1964 年，人口减少 2 987 人，户数从 96 371 户降低到 85 063 户，减少了 11 308 户。这一时段人口的减少，应该也与迁出相关。

（五）1967~1968 年，人口减少 690 人，户数由 88 722 户减少到 88 685 户，减少了 37 户。人口、户数同时减少，数量都不大。

综上五个时段，其中两个时段，兰考县在户数上升的同时，人口却下降，属非正常现象。这两个时段，恰恰与我们共和国"三年困难时期"（1959~1961 年）时间相吻合。而这一时段，兰考并没有发生诸如瘟疫、战争、地震等特殊的灾难，却发生了普遍的饥饿。所以，应当承认，饥饿是造成非正常死亡的重要原因，数量应该在 1 万人左右。

总之，焦裕禄来之前的兰考，形势非常严峻。而由于大批兰考农民逃荒要饭，加之山东曹县、东明，河南的民权等地的流民也都从兰考火车站上车，兰考的穷，几乎到了全国人民都知道的地步！江苏省有一个响水县，是国家级贫困县，自称"苏北兰考"[1]；还有

---

[1] 陈树华等："'苏北兰考'新面貌——响水县以旧村改造推动新农村建设记事"，《中国国土资源报》2010 年 3 月 10 日。

一个泗阳县，也自称"苏北兰考"。❶

对此，兰考人认为：这是对兰考的不尊重。你穷你的，扯兰考干什么？但是，这也说明：当时的"兰考"，已经沦为一个"贫穷"的符号。犹如人们讲"塞上江南"，"江南"也是个符号，是"富庶"的符号。

有道是"为官一任，造福一方"。人民穷困潦倒，干部就难堪了。

三、尴尬的干部

20世纪60年代，兰考人民贫穷，固然是由于自然灾害。但是，任凭灾害肆虐，干部难辞其咎。因为，我们是执政者，握有政治资源。

尧帝有段名言：天下"一民或饥，此我饥之也"——责任在我，是我让他挨饿；天下"一民或寒，此我寒之也"——责任也在我，是我让他受冻。尧帝将天下每一人缺衣少食，均视为自己的失职，这是多么彻底的"罪己"观！

对此，有的干部可能不以为然。认为："大家都生活得很好，唯独他缺衣少食，是因为他懒、他笨！"可是，按尧所说，责任依然在执政者。因为尧还有第三句话——天下"一民或罪，此我陷之也"——我没有把他教育好。

执政者，掌握着政治资源。执政，就应该为人民排忧解难。否则，就失去了执政的正当性。上古尧帝，尚且如此负责，何况我们共产党人！

---

❶ 郭江陵等："泗阳：昔日'苏北兰考'变身'中国意杨之乡'"，《新华日报》2010年5月30日。

更重要的是，兰考的问题具有很强的公众性。例如，治理风沙要种树，一家一户能种多少树？独木不成林，防护林带的建设，需要总体规划。排涝需要挖河，个人怎么挖？土地经营权归集体所有，擅自施工，属违法犯罪。所以，兰考的问题，绝非一家一户能解决，必须由干部出面，依靠集体的力量。用后来焦裕禄的话说，"干部不领，水牛掉井"。

据开封原地委书记张申回忆，上级在检查开封各县工作中，发现兰考县的县委书记个性懦弱，失误很多，生活作风也有问题，在群众中影响很坏。因此，从1962年年初，组织上就考虑选派一位新的县委书记到兰考。

但是，这是一个难题。兰考这副担子，沉重而艰巨。千百年来的灾害，积重难返。平庸者，未必挑得起；杰出者，前程一片锦绣，未必愿意去。

当干部，讲究的是政绩。所谓政绩，一是看"群众生活水平"。可是，兰考灾民跑遍全国，到处逃荒要饭，谈何生活水平！二是看"上缴国家利税"。兰考根本不存在上缴问题，在那艰难困苦的年代，国家年年下拨兰考的返销粮、救济粮，比兰考上缴的粮食还多！为解民生之必需，年年向国家申请救济，是兰考县工作中不可或缺的一项。也就是说，兰考的群众在"讨饭"；兰考的党政机关、干部们实际上也在向上级机关"讨饭"。焦裕禄即曾面对群众，苦口婆心地说："你们在家搞生产，我去替你们讨饭行不行？"

俗话说，吃人家的嘴短。在重视政绩，讲究英雄主义的时代，"讨饭"干部的难堪可想而知。一到上级机关，别人气壮如牛，海阔天空，兰考的干部喘口粗气儿，都会招来异样的目光。所以，"灾区栽干部"的议论，像幽灵一样缠绕着某些干部，他们视灾区为畏途，称兰考是"永远填不满的穷坑"。一个"坑"字，把兰考的"穷"表达得淋漓尽致。

张申回忆：那时的兰考，以"穷"和"讨饭"著称。兰考的干部天天为穷发愁，不安心在兰考工作，都想调出去，谁还专门往"穷坑"里跳！开封地委曾先后物色了几个人选，或者婉言推脱，或者直截了当拒绝，有的组织上已经发了调令，最后仍以种种理由推脱，甚至涕泪肆流，不愿到任。

正当组织上为兰考县委书记人选发愁时，焦裕禄从工业战线回来了。❶ 于是，河南省委、开封地委盯上了焦裕禄。当时，焦裕禄在河南省尉氏县任县委书记处书记。

四、出色的焦裕禄

焦裕禄，山东淄博北崮山村人，生于1922年8月16日。出身中农，少年时于本村读小学。及长，日伪盘踞山东，父亲为生计艰难而自杀，家道败落，生活无着。逃过荒，要过饭，曾于抚顺煤窑卖过苦力，给宿迁地主扛过长活，经历十分坎坷。1945年在解放区参加革命，1946年入党。

这是一个身经三大历练，激情四射的干部。

1. 苦难的历练

兰考是个穷地方。到兰考工作的干部，必须有吃苦精神。

焦裕禄出身于中农家庭，从保留至今的焦裕禄祖屋来看，也算是殷实门户。但是，现存于河南省档案馆的一份履历材料"参加革命前的情况"，是焦裕禄的自述。读之，苦不堪言。

其中有这么一段："1941年因生活困难，还要给汉奸纳粮交款，明年我还要结婚，父亲终日愁闷，秋天上吊自杀了。"儿子婚姻大

---

❶ 张申："我与焦裕禄的相知相识"，《河南法制报》2014年5月20日。

山东淄博保留的焦裕禄祖屋

喜,父亲本当鼎力操办,却无奈自杀,一走了之,可见生活艰难之至!

父亲死后,生活雪上加霜。1942年6月,焦裕禄又因"共产党嫌疑"被日军和汉奸扣押。在日本宪兵队,他被严刑拷打。焦裕禄这样写道:"第二天晚上,我被提审了,受了鬼子脚踢棍打灌凉水。"在狱中,"日寇各种各样的刑罚和杀人办法都见到了,自己也受了无数遍的审问拷打,每天吃半斤煎饼喝两半碗凉水"。

之后,历经辗转,他又被日寇投入抚顺大山坑煤窑当苦力。其间,当牛作马,暗无天日,动辄被毒打,直至1943年秋天逃出虎口。

可是,甫出虎口,又进狼窝。1943年8月,焦裕禄刚逃回家,伪政府又以其无"良民证"为名,再次将其逮捕。此番迫害,更使其倾家荡产,母亲被迫卖地,买大烟送到汉奸队,焦裕禄才得以保释。

地卖了,"回家后没啥吃,将以前爱人的嫁妆衣服等全卖光了,曾两天吃了半斤豆腐。没有伪军'良民证'不敢出大门,见到穿黄军装的就浑身发抖,夜里听见狗叫就害怕,实在走投无路",只好披个麻包片,沿街乞讨,背井离乡。

1943年9月，焦裕禄逃荒到江苏宿迁县，经茶棚掌柜介绍，到宿迁县园上村一个胡姓地主家当长工，干了两年。直至家乡解放。

由此可见，短短数年，焦裕禄从一个农家子弟，突遭天灾人祸，坐大牢，下煤窑，扛长工，历经坎坷，家破人亡，逃荒要饭，什么苦日子都扛过来了。兰考的苦，又算什么！

2. 革命的历练

兰考的形势严峻。赴兰考救灾，须有献身精神。

焦裕禄是1945年参加革命的。从个人履历看，他不是军人。但是，他的革命生涯却是从武装斗争开始，且屡经枪林弹雨。

1945年8月，抗日战争胜利。焦裕禄从宿迁县回到家乡，毅然加入共产党领导的游击队。正是他所在的这支游击队，参加了解放博山县城的战斗。他的履历显示，1946年1月，他成为中国共产党党员。这就是说，从焦裕禄投身革命到加入中国共产党，仅仅数月时间。显然，他在战斗中出类拔萃。

通常，战争年代的党员，最过硬的就是对人民事业的忠诚。因为那时入党，要冒生命危险。若无坚定的政治信仰，不具备为人民事业献身的精神追求，很难走上革命道路。

博山县解放后，焦裕禄供职于区武装部。那时的武装部，处在阶级斗争的风口浪尖，责任非常重大。其主要工作是领导民兵，打土豪，除汉奸，分土地，分浮财。尤其新解放区的民兵工作，非常危险。一方面，大局初定，形势不稳，敌对势力不甘心失败，疯狂向新政权反扑；另一方面，民兵缺乏枪支弹药，装备杂乱落后。但是，在严重困难的局面下，焦裕禄的工作却做得有声有色。1947年春，淄川、博山、章丘三个县的还乡团围攻崮山根据地，焦裕禄以小股民兵自制地雷、诱敌布阵，与敌斗智斗勇，成功为根据地退敌做出重要贡献。正因为焦裕禄突出的表现，山东解放区形势稳定之后，焦裕禄又奉调参加南下工作队，奔赴新的解放区。

1948年2月，焦裕禄来到河南鄢陵，仍做民兵工作。鄢陵的形势非常严峻，从1947年10月，华东野战军第一次攻占鄢陵，到1948年1月以前，其地曾四次被我军解放，又四次被敌军夺回。敌我攻守，惨烈之至。1948年1月13日，鄢陵第五次解放，焦裕禄2月中旬来到鄢陵，敌整编第十一师再度攻入该城。当时形势之险恶，可想而知。

但是，即使在如此险恶的局面下，焦裕禄仍和南下工作队一起，有条不紊地领导当地群众建立了农会和民兵组织，进行了土地改革，迎难而上，带领村民兵15人，于鄢陵彭店村，杀退以鄢陵县保安团长、大土匪头子洪启龙为首的400多匪兵。

1948年5月，焦裕禄调任尉氏县宣传部干事。这年冬天，淮海战役打响，他又身先士卒组织农民担架队奔赴火线，冒着枪林弹雨救护伤员，投入到支援淮海战役的伟大斗争中。战役结束，荣获豫皖苏五分区所颁"支前模范"锦旗一面。

1949年春，焦裕禄重回尉氏。当时的尉氏县还没有全部解放，土匪头子曹十一、耿海兰、黄老三常在这一带为非作歹，祸害乡里。面对土匪猖獗的形势，本已奉调到县委工作的焦裕禄主动请缨，到环境恶劣的大营区任职，领导剿匪反霸，多次出生入死。

短短数年，焦裕禄经历了抗日、土改、随军南下、剿匪反霸等多次生死考验。事实证明，他的身上，不缺乏对人民事业的忠诚，是一个为了伟大的信仰，无私无畏，能将个人生死置之度外的好干部。

3. 建设的历练

兰考是重灾区。救灾，最根本的问题是经济建设。而且，鉴于当地极其恶劣的自然条件，选派新的县委书记，必须具备超强的工作能力。

焦裕禄是民主革命时期走过来的干部。通常，经过革命历练的干部，政治立场过硬。但是，搞建设未必是内行。新中国成立以后，党的许多干部，都面临着由革命向建设的转型。能否顺利转型，决定其工作的成败。在这一方面，焦裕禄更非同凡响。

首先，文化基础好。

焦裕禄虽出身农家，却具备"高小"毕业的文化背景。旧中国的小学教育，分为两个阶段。前三年为"初小"，后三年为"高小"。根据河南省档案馆馆藏资料"焦裕禄自述"，焦裕禄是"8岁入本村小学，12岁小学毕业（此处应指初小——作者注），考入南古村第六高级小学，15岁高小毕业"。

胡适说过，"一个小孩在小学里念了六年书，穿起一件长衫，便不屑助哥哥做木工、帮爸爸种田了，因为他是特殊阶级了。"旧中国文盲充斥，高小毕业而被称"知识分子"者，比比皆是。据记，1949年我国小学（初小）入学率仅为20%，毕业率只会更低。

文化，不仅仅在于学历。更重要的是，焦裕禄非常勤奋，天资聪慧且才华过人。据张申同志回忆：1950年夏，我军经过三大战役后，兵源补充迫在眉睫。为此，尉氏县召开一场公祭大会，希望借此动员大家拥军。焦裕禄时任大营区区长，仅用一夜时间，便写出一篇感人肺腑的祭文。次日，万人公祭大会上，焦裕禄声泪俱下朗诵祭文："风打头，雨打脸，干了一年又一年……"所有群众无不为之挥泪。悲愤之余，小伙子们纷纷报名参军，公祭大会遂成征兵大会，盛况空前。直至数十年后的今天，张申提及这段往事，依然感慨："不想，这一纸祭文竟起这么大的作用！"❶

---

❶ 张申："我与焦裕禄的相知相识"，《河南法制报》2014年5月20日。

在焦裕禄的工作历程中,把文化知识与生产实际相结合的事迹随处可见。河南省尉氏县至今仍流传一首歌唱劳动模范王小妹的民谣:

> 王小妹十六岁,
> 犁地耙地她都会,
> 大家都学王小妹,
> 不畏艰苦不怕累,
> 争当青年先锋队。

这首歌谣,是1950年焦裕禄亲自编写。寥寥数语,将一个普通的农村丫头唱得全县家喻户晓,甚至传遍了全省。当年的农村丫头,今年已79岁,是国家退休干部。老太太谈及自己被焦裕禄发现,并被树立为农村妇女冲破封建牢笼、参加农业生产的先进典型,脸上仍然洋溢着幸福。❶

其次,阅历丰富。

1949年春,焦裕禄担任尉氏县大营区副区长,后任区长,领导土地改革,规划农村经济发展。

1952年春,焦裕禄同志调任陈留团地委宣传部长,参加地委工作组到杞县搞土地复查。

1953年夏,焦裕禄同志任青年团郑州地委第二书记,发动组织青年团员展开生产竞赛。

同年7月,随着国民经济建设的"一五计划"全面铺开,国家需要大批优秀干部加强工业,焦裕禄奉调赴洛阳矿山机器厂筹建处。在此期间,他担任资料办公室秘书组副组长,为工厂的筹建做了大量的水文、地质、气象等方面的调查研究。

---

❶ 贾亮,姬连庆:"在尉氏县工作的焦裕禄:推农村丫头当劳模",《鲁中晨报》2014年3月24日。

1954年8月,焦裕禄又奉派前往哈尔滨工业大学学习深造。

1955年年初,焦裕禄同志又被分配到大连起重机厂,担任实习车间主任。

1956年年底,焦裕禄同志满载学习成果,回到洛阳矿山机器厂,任金工车间主任,致力于设备安装工作。

1959年春,洛阳矿山机器厂全面投产,焦裕禄任调度科长,攸关全厂生产关键。他工作细致、踏实,经常深入车间,分门别类,记录各种数据。不仅关注生产任务、设备条件、技术力量,甚至哪个工人有什么思想问题、家庭困难等,他都了如指掌。工人们说:"焦科长不仅谙熟业务,还善于抓政治、抓人的思想,跟着他再重再难的任务,我们都乐于接受。"

20世纪60年代的洛阳矿山机器厂(焦裕禄在此工作了8年)

在工业"大跃进"高潮回落、全国加强农业的形势之下,1962年春天,焦裕禄从洛阳矿山机器制造厂重回尉氏县,任县委书记处书记。

最后,能力超强。

能力,往往来自丰富的阅历。如上所述,焦裕禄打过仗,懂建设,当过区长、宣传部长、书记处书记,党的工作,团的工作,宣传工作，政治工作，思想工作，经济工作，无所不涉，无不胜任。

南下途中，他当过歌剧的主演，出口成章，文笔犀利动人；他是农村走出来的干部，深知民心乡情和稼穑的艰辛；他参与筹建"一五计划"大型企业，研究过水文、地质、气象等综合科技知识；他在国家大型企业当过调度、搞过管理、当过车间主任，并曾于国家一流大学哈尔滨工业大学进行过理论深造。尤可贵者，是他1962年重回尉氏，堪称赴兰考的热身战。

焦裕禄在学习工业管理知识（右2）

尉氏在某些方面与兰考有相似之处。境内贾鲁河，屡屡挟黄河之水助纣为虐，夹杂泥沙祸患豫苏皖44县。在尉氏的这一年，焦裕禄以抱病之躯，数次组织整治贾鲁河，清沙疏塞，修坝筑堤。并大胆改革，选择席苏大队为集体经济发展试点，推行"自留地"和"责任田"政策，调动农民生产积极性。在焦裕禄的指导下，席苏大队改变单一耕作模式，首创麦棉套种。全大队4个生产队，实施套种800亩，平均亩产小麦500斤，籽棉40斤，每亩产值达到了空前的500多元。

此后的席苏大队，短短数年，先后盖了学校、敬老院，机井打了62眼,履带式拖拉机买了4台。在20世纪60年代,一个贫困县的农村大队,年纯收入竟达到20余万元。

及时总结经验是焦裕禄工作的特点。1962年7月,他在《席苏大队巩固集体经济的试点总结》上写道:"必须向群众讲清形势,讲清前途,讲清党的方针政策,讲明党的态度;每一时期,必须抓住突出问题,抓住突出思想,抓住突出人物;每一项工作,都必须有调查研究……只有这样才能加强党群关系。"❶

不仅如此,焦裕禄还是一个情商很高的激情型干部,无论到了哪里,都能如鱼得水,迅速和大家打成一片。

4. 激情型干部

救灾如救火。鉴于兰考局面的严峻,36万灾民嗷嗷待哺,奔赴兰考的干部必须激情四射,能在短期内解决问题,建功立业。

从焦裕禄的履历看,这是一位激情型干部。他于1945年在山东博山县参加工作,到1962年转任河南兰考县委书记,10多年间,先后在博山、鄢陵、尉氏、陈留、郑州、洛阳、哈尔滨、大连等10多个单位展开工作。对焦裕禄而言,这些单位都是陌生的;他的到来,不啻匆匆过客。我们发现,他无论走到哪里,都能在短暂的期间内落地生根,绽放一片辉煌。

尤其是1953年以后,焦裕禄奉调投身于工业建设,面对大幅度工作性质的转型,表现尤为出色。

他来到洛阳矿山机器厂,不到一年,便以一个地地道道门外汉的身份,叩开了现代工业殿堂的大门——在大家存有畏难情绪的情况下,指导建成了由金谷园车站直达厂区的金矿公路和桥梁。

---

❶ 贾亮,姬连庆:"在尉氏县工作的焦裕禄:推荐农村丫头当劳模",《鲁中晨报》2014年3月24日。

身为车间主任的焦裕禄与工人们在一起（前排左8）

由于其出色表现，1954年，厂部保送他赴哈尔滨工业大学深造。哈工大是以治学严谨著称的一流工业大学，其校训为"规格严格，功夫到家"。即使对于调干生，学业期满，也必实行"一对一"答辩，年年均有大批学员不能过关。可是，短短一年，焦裕禄因品学兼优被评为优秀党员。

1955年初，他在大连起重机厂担任实习车间主任。虽为实习身份，但他仅用几个月的时间，就熟悉了"一两年才能入门"的管理业务，迅速由外行成为内行。年终，该车间获评全厂"优秀单位"。

焦裕禄在大连起重机厂（前排左3）

不仅如此,焦裕禄还将其工作方法见诸理论著述。1956年7~10月,他在大连《起重机厂厂报》连续发表"减速机工段党小组是怎样保证完成计划的""对工段长工作方法的几点体会""谈谈前方竞赛中的问题和意见"等署名文章,《起重机厂厂报》并以整版篇幅刊登了焦裕禄写的《机械车间三季度竞赛总结》。❶

1956年12月,焦裕禄为车间基层干部总结了十条工作经验。(1)要依靠群众;(2)要发扬民主;(3)要经常总结工作;(4)要学习政治;(5)要利用积极分子做工作;(6)要了解群众思想,关心群众生活;(7)要依靠党的领导;(8)要搞好团结;(9)要学习党的政策;(10)要主动向上级汇报情况。厂党委全部采纳,改进了管理方法。

1956年底,焦裕禄同志满载学习成果,回到洛阳矿山机器厂,担任金工车间主任。在此期间,他日夜不离车间,仅用两个月的时间,竟造出了中国第一台新型两米五双筒卷扬机。因绩效显著,1958年底,他领导的车间被评为全厂的"红旗车间"。

洛阳矿山机器厂红旗车间(前排左2为焦裕禄)

---

❶ 大连起重机厂《起重机厂厂报》1956年11月11日。

1959年春,焦裕禄任调度科科长。在此期间,因其工作细致、深入人心,被工人朋友们亲切称为"政治科长"!

1962年春天,焦裕禄回到尉氏县,任县委书记处书记。他在尉氏县委工作不到一年,整个尉氏城乡,到处传扬着他廉政爱民、艰苦奋斗的佳话。

时任尉氏第二书记的薛德华曾经评价:"老焦工作能力强,干工作一个人顶一个半人用。"第一书记夏凤鸣则说:"哪里是顶一个半人用,一个人要顶几个人用哩。"❶

据夏凤鸣回忆,1962年12月,焦裕禄调至兰考县工作。兰考在黄河边,天气更冷。临行前,同事们看他连一件棉衣都没有,还穿着单衣,都不忍心,商量补助他一件棉衣。可是,焦裕禄坚辞不受。为此,县委专门召开常委会,作出《决议》要他接受。他仍拒绝。县委又上报开封地委,推动地委作出决定,最后又派专人到兰考,眼睁睁看着焦裕禄把棉衣穿上,才放心。同志之间的情感之真诚,非常令人感动。❷

焦裕禄1953年到洛阳矿山机器厂,1954年到哈尔滨工业大学,1955年到大连起重机厂,1956年回到洛阳矿山机器厂,1962年回尉氏,短短几年,打一枪换一个地方,而且每一枪都打得精彩!在哈尔滨工业大学学习时,他是优秀党员;在大连起重机厂时,职工称他是"最棒的车间主任";在洛阳矿山机器厂任调度科科长时,大家热情地称他为"政治科长"。在尉氏,曾被称是第一·五书记。总之一句话:这是一个"打到哪里胜到哪里"的干部。

---

❶ 兰考焦裕禄纪念馆:《坚持群众路线的楷模:焦裕禄》,人民出版社2013年版。
❷ 陈骏:"耄耋老人回忆焦裕禄:同事送一件棉衣他坚决不要",《大河报》2014年4月17日。

五、义无反顾

1. 表一腔赤诚

焦裕禄到兰考是1962年，恰逢兰考雪上加霜之时。上半年连续168天大旱，风沙摧毁了20万亩麦子；下半年大雨滂沱，淹掉30多万亩庄稼；盐碱地上又有10万亩禾苗被碱烧死。根据兰考县志《1949～1989年兰考县耕地面积统计表》所列数字，1962年兰考县全部耕地为915 587亩。❶也就是说，这年兰考农田受灾面积达2/3。

全县的粮食产量下降到历史最低水平，小麦单产仅43斤。除却种子，所剩无几。堌阳公社刘楼村的一户农民，全部家当只值7元5角钱；三义寨村有一户农民，几口人只有一条裤子，谁出去谁穿，其余人只得睡在床上。

时任林业技术员的朱礼楚回忆：有一个金寨村，270多口人，1962年的麦子，种了240亩，被风沙打死222亩，剩下18亩。这18亩小麦共产出粮食80斤，按人口平均分配，一个人仅合二两七钱。群众生活之艰难，可想而知。❷

共产党派干部，有一个程序式的做法，就是无论有多大困难，必须向受派干部交代清楚，让他在思想上有充分准备。据当时的开封地委书记张申回忆，他代表组织与焦裕禄谈话，传达了组织的任职决定，并如实介绍情况，着重强调：兰考有三个"最"：最穷，最苦，最困难。

这时的张申，对焦裕禄能否接受任务，没有把握。

---

❶《兰考县志》，中州古籍出版社1999年版，第329页。
❷ "焦裕禄兰考475天悲喜 临危受命力战三害"，凤凰网2009年6月23日。

第一，前车有辙。

到兰考工作，难度实在太大。此前已有几位干部望而却步，借故推脱。在此情况下，焦裕禄不愿去，完全可以理解。

而且，对焦裕禄而言，他在尉氏的生活和工作环境，是相对安逸的。他曾在尉氏前后工作了六年，奠定了相当好的群众基础。他的妻子徐俊雅，是尉氏县城关镇人。焦裕禄曾经说过，尉氏是他的第二故乡。

第二，平级调动。

树挪死，人挪活。水往低处流，人往高处走。如前所述，此前焦裕禄一路辉煌，是一位"打到哪里胜到哪里"的干部。如今临危受命，职务却未得到相应的提升。

焦裕禄在尉氏县已经是县委常务副书记，并有"尉氏第一·五书记"之称。县委书记是夏凤鸣，焦裕禄之前，县委第二书记兼县长是薛德华。但是，在焦裕禄前往尉氏赴任的地委组织部介绍信中，焦裕禄的排名在薛德华之前。为此，夏凤鸣专门电话询问地委。地委答复：以后县委只设一个书记，其余均为副书记。薛德华与焦裕禄开玩笑道："我是县委第二书记，你是常务副书记，你在我和第一书记之间，所以是第一·五书记。"❶（由于焦裕禄在尉氏县委期间做了大量的工作，这种说法被群众延伸为"第一至第五书记"）

焦裕禄调任兰考县，张申本意是让他接替王金璧，直接担任县委书记。但是，上级没有批准，故只能任县委第二书记。❷

关于焦裕禄的"平级调动"，一直困扰着笔者。他自 1951 年就

---

❶ 兰考焦裕禄纪念馆：《坚持群众路线的楷模：焦裕禄》，人民出版社 2013 年版。

❷ 有文章说"焦裕禄直到去世，始终未接到'县委书记'的正式任命。所以，焦裕禄并不是'县委书记'"。应当指出，1963 年 1 月，王金璧调离。在县委书记空缺的情况下，焦裕禄仍以第二书记的身份主持工作。但是，《兰考县志》第 193 页记载非常清楚，1964 年 1 月，焦裕禄已经是兰考县委书记了。

担任陈留团地委副书记，属副县级干部；1953 年，任青年团郑州地委第二书记，仍为副县级；同年 7 月，调入国家大型企业洛阳矿山机器厂，先后任车间主任、厂调度科科长等职。可是，1962 年他从洛阳矿山机器厂调回尉氏县，仍任县委副书记。这就是说，从 1951 年至 1962 年，时隔 12 年，焦裕禄的职务竟原地不动，始终为副县级。这期间，他被保送赴哈尔滨工业大学深造，获评优秀党员；在大连起重机厂担任实习车间主任，该车间获评全厂"优秀单位"；在洛阳矿山机器厂任车间主任，他的车间被评为红旗车间……党组织也承认他是一位"打到哪里胜到哪里的好干部"！也正是因为他的优秀，才调他到兰考去救灾。可是，他的职务为什么始终没有提升呢？甚至，临危受命到兰考，开封地委已经提出"直接担任县委书记"，上级仍然不批准！究竟是哪一个环节出了问题，难道这其中有什么隐情吗？

我们鼓励、颂扬那种埋头工作、任劳任怨、老黄牛式的高尚情操。但是，党的组织工作不应当漠视一个优秀干部的无私奉献。

第三，抱病在身。

倘若焦裕禄拒绝到兰考，他有非常正当的理由。因为早在 1961 年他在洛阳矿山机器厂工作时，就曾因肝病住院。为配合治疗，厂领导特为之制定"三不准"原则，强迫休息。但是，焦裕禄仍三天两头下车间。正是考虑工厂的环境对他吸引力太大，不利于安心养病，厂领导才说服焦裕禄回到尉氏县工作，希望他在家庭的照顾下早日康复。

但是，据他妻子徐俊雅回忆，在尉氏县时，焦裕禄病情并没有好转，已经到了肝疼的地步。

因此，对于这次工作调动，若焦裕禄稍感为难，他有充分的理由推卸。毋庸多言，只需将医院诊断证明拿出，相信组织自会另做安排。然而，焦裕禄什么都不说。

面对组织安排，他的反应令人兴奋，当场表态："兰考困难大，这是事实，但我不怕。人是活的，困难是死的，人能够克服困难，困难压不倒人！"

上级领导考虑到焦裕禄的身体情况，嘱咐他休息几天，他却犹如一团烈火，急切地说："兰考那里正需要人，会有很多工作，我明天去兰考报到。"并真诚表态："感谢党把我派到最困难的地方。越是困难越能锻炼人，请组织放心，不改变兰考面貌，我绝不离开那里！"

2. 道一声感谢

"现代青年"可能很难理解，被派往"最困难的地方"有什么好感谢的？

首先，这是一个个人追求问题。

时下，年轻人择业，多追求清闲和富足，属"享乐型"人生观。这些人择业之前，总要问一问工资、住房以及所谓的发展前景，灵魂深处是一个"我"字。

但是，在过去的那个时代，我们的前辈，不乏"创造型"的干部。他们以坐享其成为耻辱，始终带着一种责任面对世界。他们的追求是"创造"，是克服困难。"没有困难，还要我们共产党人干什么"，是他们的口头禅！

"感谢党把我派到最困难的地方"，彰显了焦裕禄灵魂深处的追求。对于一个追求功名利禄、贪图享受的人，到最困难的地方是受罪，是被惩罚；对于一个真正的共产党人，时刻准备着为人民事业献身的干部，却是恰得其所。焦裕禄似乎是为困难而生，为战斗而生，正如他留下的名言——革命者就是要在困难面前逞英雄！

其次，这是一个组织信任问题。

党组织派干部，是为推进工作。困难的地方，不是用来惩罚干部；富足的地方，也不是用来奖赏干部。共产党组织工作词典中，不存在诸如"肥缺""清水衙门"之类的庸俗概念，更不存在"坐地分赃"式的派遣。

刚从战争年代过来的共产党，流行的是"打硬仗，用铁军"。派你到最困难的地方，说明组织上信任你的人品，信任你的忠诚，信任你的智慧和魄力，已经把你视为能力最强的干部。

所以，面对兰考这副沉甸甸的担子，焦裕禄心里的激动可以理解。他的感谢发自肺腑。

其实，回顾20世纪五六十年代，我们的国家刚从战争时期走出来，正是一个崇尚"英雄主义"的时代。岂止是焦裕禄，许多热血青年，甚至包括一些中学毕业生，都踊跃报名到新疆、西藏，建设边疆，热切盼望着党把自己派到祖国最需要的地方。

3. 发一个重誓

焦裕禄在向组织表示感谢的同时，豪言："请组织放心，不改变兰考面貌，我绝不离开那里！"一言既出，既令人欣慰，又让人感到一种"壮士一去兮不复返"的不安。

苦难的兰考，是一块历朝历代都啃不下来的硬骨头，是党内某些干部眼中"永远也填不满的穷坑"。焦裕禄竟誓言"不改变兰考面貌，我绝不离开那里"。一方面，我们为灾难深重的兰考百姓松了一口气——终于去了一位"狠角色"；另一方面，我们也不禁为焦裕禄捏了一把汗——须知，这是一句"可监督的、附带自我惩罚"的重誓。

第一，兰考的面貌改未改变明摆着，众目睽睽，一看便知。而欲改变兰考漫天的风沙、坑坑洼洼的内涝、几十万亩的盐碱滩，呼唤全国各地沿街乞讨的兰考灾民返乡重建家园，谈何容易？

第二，焦裕禄离没离开兰考也明摆着，也是众目睽睽，一看便知。

所以，话既出口，结局已定：要么改变兰考，要么死在兰考，要么改变兰考也死在兰考。犹如当年左宗棠收复新疆，抬着棺材出征，那架势明摆着：不把"老毛子"装进去，就把我左宗棠装进去！显然，焦裕禄所言，虽朴实无华，却分量极重。

选派赈灾干部，就要选这种硬汉子。当然，如今也有些善良的人愤愤不平说："前面几位干部为何可以拒绝组织的调派？越不愿意去，就越应该派他们去！"

应当指出，组织的安排是正确的。我们的目的，是派干部去救灾，改变兰考贫穷的面貌。我们要为兰考36万人民的生计负责，不能用气斗狠。倘若一位干部是被动的，不是满腔热忱的，甚至带着抵触情绪到了兰考，你就不能指望他忘我地工作。把不称职的人摆在不称职的位置上，于公于私都是罪过。

河南省委选对了，开封地委认准了，焦裕禄能说出"不改变兰考，我决不离开那里"的重话，说明他是真正的"狠角色"。开弓没有回头箭，这种人一经出发，决不回头。所憾，我们这位难得的好干部，他是一位病人。

第三章 访贫问灾

1962年12月6日,兰考大雪。正是那天,焦裕禄就像一片雪花,静静地、无声无息地融入了那块干涸的土地。

据当年兰考总工会干部李国庆回忆:县委没有接到任何通知,既没车接也没车送,也没有接风洗尘,焦裕禄只身一个人背着行李卷,带着组织介绍信和调令,从兰考火车站步行到县委组织部报到。直到第二天,当大家知道焦裕禄是新来的县委书记时,他已经下乡了。❶

他当时的身份,是县委第二书记。一个月后,1963年1月,第一书记王金璧调离。这样,在县委书记空缺的情况下,焦裕禄以第二书记的身份主持兰考全面工作。

---

❶ 关于焦裕禄到兰考,究竟是第二天下乡,还是第三天下乡,历来有两种说法。1990年出版的《焦裕禄在兰考的日日夜夜》采用了"第三天下乡说"。书中说,焦裕禄12月6日来到兰考,12月7日焦裕禄在三级干部会上讲话,12月8日焦裕禄和张士义来到城关公社。从此,众多宣传焦裕禄事迹的文章大都沿用了"第三天下乡说"。但是,据时任县委办公室干部的刘俊生回忆说:"当时县里正在开三级干部会,我和张士义分到城关公社这一组。因为城关公社机关离县城很近,小组讨论时会场就设在城关公社机关。12月7日一早,焦裕禄就和我、张士义等人去了城关公社。焦裕禄与老韩陵大队的干部们在一起,参加了一上午的会议。"显然,12月7日焦裕禄来到城关公社,并和老韩陵干部座谈。公社属乡级政权,可以理解为下乡。

20 世纪 60 年代的中共兰考县委大院

一、车站访贫

兰考的贫穷，已经到了危及人民生存的境地。欲改变兰考的贫穷，必先找到贫穷的症结。

"春江水暖鸭先知。"鸭何以先知？因鸭在水中。因此，欲知兰考贫穷的症结，当问兰考的"穷人"。

焦裕禄到兰考的第二天，就迫不及待下乡走访。从许贡庄到胡集，从黄楼到老韩陵，他时而深入农舍牛屋，时而来到坑边地头，同大家一路走一路交谈，广泛了解情况，勘察灾情。

12 月中旬，他来到兰考火车站。火车站，是焦裕禄在兰考展开工作的一个重要节点。当时，兰考逃荒要饭的群众大都在这里集结，挤"焖罐车"（车厢全封闭的货车）。焦裕禄敏锐地发现，车站不大，却堪称全县灾情的窗口。

第一，在此可以看到兰考最穷的人。俗话说，穷家难舍，故土难离；在家千日好，出门一时难。外出行乞，更是难上加难。为讨得一碗残汤剩馍，且不说走街串巷、露宿街头的艰辛，有时候还难免要忍受世俗鄙夷的冷眼。所以，人不穷到万般无奈的极点，不会走上乞讨的路。

第二，在此可以了解到全县的灾情。1962年的兰考县，人口36万，2 466个自然村，❶分布在1 080平方公里的土地上。焦裕禄初来乍到，访贫问灾，短期内很难面面俱到。但是，在兰考火车站，四村八乡的灾民去了来，来了去，扶老携幼，衣衫褴褛。实际上，这里俨然已成为兰考的"灾害信息中心"，是全县贫穷的缩影。

正是在此以后，焦裕禄多次来到兰考火车站。人头攒动的兰考车站，成为焦裕禄"访贫问灾"的首顾之地。

站台和货场上的灾民成百上千。焦裕禄一个个询问："哪个村的？为什么出来要饭？"要饭的人，谁没有一肚子苦水？尤其群众一提到灾情，话未出口，涕泪双流。有的说"麦苗被风沙打死"，有的说"庄稼被水淹没"，有的说"盐碱地寸草不生，种也是白种，颗粒无收"……其言也哀，其状可悯，焦裕禄深感震撼！人说的话，有时未必可信；人流的泪，尤其是农民的眼泪，往往是真的。

其实，焦裕禄到任之前，已知兰考是重灾区。但灾情竟如此触目惊心，他却始料未及。

二、初识河患

兰考的灾害，与黄河相关。黄河，素称中华民族的母亲河。可是，母亲有时也有"偏心"的时候。正是由于这条母亲河，让兰考百姓苦不堪言。

---

❶ 1962年，兰考究竟有多少自然村，数字不详。此数字是根据《兰考县志》第306页所记"成灾生产队1 524个，占生产队总数61.8%"计算得出。

九曲黄河"十八弯"，最后一弯即在兰考。摊开地图可见，黄河自河套以降，一路向东，直抵兰考东坝头，而后转向东北方向，由山东入海。也就是说，黄河若不于此转向，恰好从兰考中部流经。其实，早在咸丰五年（1855年）之前，黄河正是自兰考流过。

　　兰考与黄河结缘，始于金大定十一年（1171年）。此前，黄河出邙山，北流入海，兰考境内无河。但是，金大定十一年（1171年）五月，河决阳武，黄河入兰考。此后，垂680余载，直至清咸丰五年（1855年），黄河再次改道北去。

　　咸丰五年（1855年），黄河上游河川大涨，洪峰一泻千里，至兰考东坝头地段，北部铜瓦厢险工堤坝溃决。翻阅道光五年（1825年）张井奏折可知：此地黄河，乃是地上悬河。河滩高于地面三丈至四丈，个别地方达到五丈（约16米）以上。于是，黄水一经夺溜，建瓴而下，滔滔洪流，泻入山东。兰考这边，河道干涸，遂成黄河故道。

　　应该说，兰考这块土地，80%都是黄河故道。

　　"黄河斗水，泥沙居七"。这条奔流了千百年的母亲河，是全球首屈一指的"泥河"。据专家测算，平均每年，黄河要从黄土高原上泻下16亿吨泥沙，其中约4亿吨泥沙堆积在下游河道。4亿吨泥沙是什么概念？形象地说，若将这4亿吨泥沙垒成1米见方的土堤，可以绕赤道6圈半，或从地球铺到月球，再折回，再到月球。[1]

　　决堤，堪称"泥河"的常态。泥沙沉淀，河床抬高，高到一定程度，决堤就是必然。其实，这也是一种自然调节，黄河若不决堤，积千百年沉淀，今日黄河恐怕就成"天河"了。这样，随泥沙的沉淀，河床的抬高，决堤，决堤，再决堤……据不完全统计，金、元、明、清和民国五个时代，黄河在兰考境内南北决堤、改道，规模较

---

[1] "中华环保世纪行"，人民网2004年5月10日。

大者共 143 次。其中：金朝 15 次，元朝 8 次，明朝 29 次，清朝 66 次，民国时期 34 次。❶ 随着河堤的频繁溃决，这条大河在兰考县境南迁北徙，遍地行河。

尤其铜瓦厢决口后，恰当国家政局混乱，20 年内几乎没有对黄河采取过任何治理措施，洪水在以铜瓦厢为顶点，东至运河的三角洲冲积扇上自由漫流，直至 1876 年，今黄河下游河道始基本形成。但是，兰考地段，因东坝头面对河道正面冲击。形势险峻，决口经常发生，故称黄河"豆腐腰"。

三、千古重灾

黄河一次次改道，破坏了兰考的地貌。如今兰考，有迹可考的黄河故道多达 11 条。这 11 条黄河故道，把兰考地貌糟蹋得坑坑洼洼，混乱不堪。水排不出去，形成内涝；好不容易盼到水干，又形成盐碱；11 条故道又造成更多的故堤，故堤与村庄、沙丘结合又形成上百个风口。兰考千百年来亘古不变的"三害"——风沙、内涝、盐碱滩，就是这样在黄河的肆虐下形成的。

昔日坑坑洼洼的兰考地貌

---

❶ 《兰考县志》，中州古籍出版社 1999 年版，第 132、133 页。

1. 风沙

昔日兰考，高地除去黄河故堤，基本全是沙，因为它是河床。

说到风沙，黄河岸边老辈人都有体会。河南省的省会郑州市过去风沙也很大。20世纪五六十年代，郑州市各小学有条不成文的规定：学生入学，必备风镜，以防上下学途中，风沙障目，视力受损。当然，如今风沙不再，郑州市已成全国著名的绿城。风沙大，绿化则好，是事物发展的一般规律。

但是，郑州风沙与兰考相比，是小巫见大巫。郑州的风沙，古书未见记载。兰考风沙的历史，则可上溯至二千年以前的秦汉时期。那时兰考的地名，称"东昏"。史料记载，公元前218年，秦始皇东巡至户牖乡（今兰考东北），突遭风沙骤起，"昏雾四塞"，始皇帝印象深刻，遂以"昏"字命名其地。❶

用"昏"字做地名，真是十分罕见。地名用字，一向相当考究，而"昏"这个字，有不雅之嫌。诸如"昏倒""昏君""昏头昏脑""昏天黑地"……总之，凡与"昏"字相关，多为贬意。秦始皇见过大世面，金戈铁马，统一六国，久经沙场，什么风沙没见过？他竟用"昏"字命名其地，可见他对兰考的风沙是真烦透了。

西汉王莽篡位，因该地名不雅，曾一度将"东昏"改称"东明"。但光武帝刘秀即位时，又复将"东明"改回"东昏"。显然，在刘秀看来，"东昏"这地名还是比较合乎实际的。

不过，"东明"这地名与"东昏"对仗，还是派上了用场。北宋年间，朝廷于鲁西南设"东明县"，与兰考相邻。

秦汉旧事，已远去二千余年。1962年，焦裕禄来兰考，其地依

---

❶ 明正德《大名府志》卷一·建置。

然"风沙弥漫,天昏地暗"。这年12月25日,焦裕禄在兰考仪封区考察,记下一首民谣:

风沙谣

每当风沙起,
平地堆沙墟;
日头正当午,
*家家灯不熄。*❶

2014年5月10日,朱礼楚在凤凰卫视《我的中国心》节目中提及兰考的风沙,仍一脸无奈:"当时那个天气,每天都是风沙,只要刮三级风,就是满面灰土,这牙齿一嚼都嘎巴嘎巴响,沙子让我的鼻子经常流血。"

关于风沙的危害,焦裕禄总结出"八大罪状":毁坏庄稼,灭村绝户,塞门埋墙,拔树倒房,封路断道,填井堵河,伤人家畜,挖坟掘墓。❷ 其中最核心者有二。

第一,掩埋。兰考沙多,黄河滩风大。每至冬春两季,大风一起,遮天蔽日;风一停,尘埃落地。几场风沙一过,良田沙化。兰考沙地动辄几十亩、数百亩。

风沙不仅掩埋田地,甚至掩埋村庄。据《兰考县志》记载,咸丰五年以降,至新中国成立,数十年间,兰考仅被风沙淹没的村庄就高达63个❸,平均两年一个。所以,旧时兰考人外出做官必带家眷,否则,返乡时有可能找不着家门。

我们曾到当地的张庄村考察,百姓遥指村北说:那边原有一个27户的彭庄,一个冬季,硬是被流沙湮没。

---

❶ 周长安等:《焦裕禄在兰考的475天》,中州古籍出版社2014年版,第20、21页。
❷❸《兰考县志》,中州古籍出版社1999年版,第312、306页。

掩埋村庄的流沙

第二，摧残。如今的张庄，绿树成荫，完全看不到风沙的影子。但是，提及过去，老百姓还是"谈沙色变"。说焦裕禄来那年，大风2小时，黄沙竟把方圆300亩麦苗打得连一片叶子都不剩。

听老乡绘声绘色地介绍，我脑海浮现出一块"磨砂玻璃"。磨砂玻璃，也是以砂子吹打而成。有速度，有密度，砂子的杀伤力真的不能低估。当地民谚——"沙丘一搬家，庄稼没了妈"。

风沙的危害，位列"三害"之首。1963年7月中旬，兰考连刮数日大风，焦裕禄带领风沙勘探队的几位同志实地调查，掌握了大量第一手资料：

城关公社有大风口12处，危害耕地30 580亩，其中绝收15 700亩，受灾减产的14 358亩，减产粮食约300万斤。这个公社的胡集大队1962年种麦子2 400亩，其中2 300亩被风沙打死。

爪营公社20处风口，危害耕地38 000亩。其中绝收15 000亩，受灾减产15 800亩，减产粮食约300万斤。

三义寨公社有大风口8处，危害耕地25 290亩，其中绝收的10 944亩，受灾减产14 346亩，减产粮食约350万斤。据朱礼楚接受凤凰卫视采访时回忆：金寨两个生产队更惨，1962年种麦140亩，被风沙打死 122 亩,剩下 18 亩,这 18 亩小麦出多少粮食呢?亩产 80 斤,18 亩共 1 440 斤粮食,按人口平均分配,一个人合二两七钱。粮食大量减产,只能靠国家救济。该公社孟角大队,1963 年夏季吃国家返销粮 14 万斤。❶

此外,每当大风骤起,黄沙弥天,兰考各公社无一幸免,仪封、张君庙、堌阳、南彰、小宋、红庙等地,均有大片沙荒。

当年兰考的沙荒

全兰考沙地共 24 万亩,其中沙丘 200 多个,最高的沙丘高达 10 米,大风口 86 处,仅 1962 年,风灾造成粮食减产达 3 000 万斤。❷

2. 内涝

高地是沙,洼地是水。

其实,整个兰考,地势都低。尤其东部各乡,属考城县旧地,过去每发大水,县城动辄积水一丈多深。县志记载:旧时城治,久无固地,洪水一来,县官携大印四处逃奔,跑到哪里,哪里便

---

❶❷ 周长安等:《焦裕禄在兰考的 475 天》,中州古籍出版社 2014 年版,第 88、89 页。

是县衙。

正因为其地濒临黄河，频遭水患，考城县曾先后六次迁城，并因其多灾而称"灾县"。东汉章帝二年（77年）东巡过灾县，以其名不善，改称"考城"。"考"有历史悠久之意。

县名虽改，灾难依旧。元代以后，考城县治因黄河泛滥，仍屡屡徙移。元至元廿五年（1220年）四月，河决开封，溢杞睢，考城大水，为避河患，"县监李茂治于贺丘"（贺丘即今民权县王桥集附近）；明洪武廿三年（1390年），县城复遭河患，"知县杨显宗徙筑江墓店"（江墓店在今民权县李堂乡境内）；明正统二年（1437年）考城又遭大水，"知县郑道徙筑旧城"（旧城即今民权县北关集）；清乾隆四十八年（1783年）三月，考城知县雷逊，筑新城于堌阳。至此，考城县治才设置于今河南兰考县境内。

堌阳一带至今仍流传着一首半个世纪以前黄河决堤的民谣：❶

    六月二十一，
    打开南北堤，
    先淹考城县，
    后淹堌阳集，
    东西马目不用提，
    大王回头看，
    又淹兰通集。

兰考境内黄河故道有11条之多，河床本身坑坑洼洼自不待言，更由于这一带黄河属"地上河"，通常"地上河"故道的两侧都有数公里的洼地。而且，十余条故道的废堤纵横交错，严重阻碍了洪水的排放。

---

❶《兰考县志》，中州古籍出版社1999年版，第135页。

洪水难以排放，并与山东相关。旧时黄河在兰考地段经常决口泛滥。决堤之后，兰考之水下泄祸及山东。山东方面的曹县、东明为自保，便在豫鲁边界大规模阻水，筑起一条百里长堤——太行堤，遂使兰考之水走投无路。❶

兰考地形西高东低，因此，每逢大雨，东半县必受水灾。兰考民众欲掘堤放水，曹县、东明民众护堤阻水，纠纷、冲突由来已久，早在民国时期就沸沸扬扬。兰考县志记载，1468～1948年新中国成立前夕，兰考共出现涝年142年，平均3.3年一遇。❷

新中国成立以后，为解决这一水利纠纷，水利部门曾制定"蓄水为主"的方针。❸主张兰考方面蓄水，确保洪水不下泄。正是在此方针下，1958年兰考大搞"就地拦蓄"发展灌溉，各村大搞"边界围"，抬高路基，提出"一亩地对一亩天"的口号，修建了许多阻水堤坝，原有的河流和排水沟纷纷废弃。如此一来，兰考的问题更加严重。小雨，低洼之地积水不能排放；大雨，蓄水工程难以容纳。于是，小雨小涝，大雨大涝。

1957年7月10日至21日，全县普降大雨和暴雨，累计降雨484.3毫米。其中7月10日一天降雨171.8毫米。整个兰考县一片汪洋，平均水深1～1.5米。全县受灾面积89.76万亩，绝收面积41.6万亩；倒塌房屋59 183间，砸死砸伤212人，兰考县农村工作部副部长孔祥明在抗洪抢险中牺牲。这次涝灾，全县受灾人口186 520人，占总人口的50.13%。❹

1963年8月，大雨连降7天，降雨量达348毫米。8月1日，一天降雨量为204.5毫米。150多个村庄被洪水包围，倒塌房屋15 000间❺，全县受灾面积56万亩，灾民达255 251人，占全县人口

---

❶❷❸❹ 《兰考县志》，中州古籍出版社1999年版，第384～385页、160页、391页、407页。
❺ 周长安等：《焦裕禄在兰考的475天》，中州古籍出版社2014年版，第97页。

的 69.5%。❶

内涝严重的，常年沼泽；内涝轻一些的，风刮，日晒，好不容易等到水干，又成盐碱滩。

内涝主要发生在夏秋两季，直接威胁夏收夏种和秋收秋种。夏粮（小麦）播种在秋季，秋季积水无法播种；秋庄稼播种是在夏季，夏季积水难以耕耘。夏秋两季一淹，一年全完。兰考有涝地36万亩。

当年兰考的涝地

3. 盐碱

兰考不高不低的地方，基本上都是盐碱滩。

由于历史上黄河经常泛滥，加之地表积水天长日久，兰考这地方，地下水位很高。20世纪60年代，地下水距地面仅70公分左右。盐碱滩的形成，与地下水相关。

科学地说：所有地下水，均含盐碱。但是，在正常情况下，地

---

❶ 《兰考县志》，中州古籍出版社1999年版，第407页。

下水很难达至地表。由于兰考地下水位较高，冬春两季干旱，地下水缘在土壤毛细作用下很容易上行至地表。经风吹日晒，水分蒸发，盐碱不蒸发，郁结在地面；地下水再上行地表，再蒸发，又留下盐碱。这样，地下水不停地上行、蒸发，千百年过去，兰考很多土地龟裂翘起，结满厚厚的盐碱土。远远望去，白茫茫一片，人走在上面扑扑响，连草都不长。

盐碱较轻的地方，勉强能长点庄稼，但产量极低，成本极高。举两个例子：

例1，补苗：在盐碱较轻的土地种庄稼，"补苗"是必经的程序。无论种什么，无论撒多少种子，苗总是出不齐。空白处，就需要"补苗"。"补苗"，只能跟着季节走：麦子死了补棉花，棉花不出补黄豆，黄豆死了补蓟子，蓟子死了补高粱，高粱死了补萝卜。这样，种了死，死了种。种三季难收一季，收一季有时还不够三季的种子。

有人可能会说，既然如此，不如不种。话虽如此，执著的农民们还是要播种。因为，播下种子，多少还有点希望；不种，一点希望都没有。这么补来补去，盐碱地上种庄稼，有时一块土地，麦子，棉花，豆子，红薯，高粱，萝卜……简直成了杂货铺。种植品种杂乱，收获也难。

例2，除碱：在盐碱较重的土地种庄稼，必须"除碱"。假如种下一颗黄豆——黄豆发芽很容易，因为它本身含有比较丰富的营养，质量大。但发芽之后，它那个须根耐受不了盐碱。为了让它成活，农民先刮碱，把土地表层的一层碱清除；而后"打埝躲碱"，就是利用"土壤毛细作用"和"盐碱上行"的规律，运来一些干燥的土块，垒堆在豆苗的周围，利用这些土块把盐碱吸收，达到保护豆苗的目的。

如此重点保护，黄豆能长成什么样子呢？1952年，毛泽东主席视察兰考,曾与许贡庄村民李桂香交谈。

李桂香正晾晒黄豆。

主席问:"你晒辣椒籽呀?"

李桂香答:"这是豆子。"说罢,捧起一捧让毛主席看。

主席笑问:"这里黄豆咋跟辣椒籽一样呀?"

我们有时说城里人"麦苗韭菜分不清"。其实,"麦苗韭菜"还真不太好分。可是,辣椒籽和黄豆大相径庭,毛主席出身农民,素以爱吃辣椒著称,绝不至于混淆。显然,不是他错认辣椒籽,而是盐碱地的黄豆,又小又瘪,长得太不像话了。

盐碱地的小麦更差。有位老太太将拇指、食指伸开比画着,告诉我说:"小麦一扎高就抽穗!"全株小麦仅"一拃高"(约15公分),麦穗之小,可想而知。

兰考有盐碱地26万亩。

当年兰考的盐碱地

这样,高地是沙,24万亩;低地是涝,36万亩;不高不低是盐碱,26万亩。兰考总共91万亩耕地,结果是什么?——"贫穷"。

我们通常讲,"一分耕耘,一分收获"。但在当时的兰考不是这样,劳动几乎没有价值。通过调查,焦裕禄得出结论:兰考的

"穷",根在"三害"。欲改变贫穷,必须"锁定三害"。

盐碱滩上的村庄

四、大动干戈

领导干部人品好是必需的;能力强,也非常重要;有真知灼见的领导干部,尤其难得。然而,最难能可贵者是人品能力俱佳,真知灼见兼备,同时还要有激情燃烧个性!这种干部,往往能在最短暂的瞬间,迸发耀眼的光芒!焦裕禄正是这样一位干部。

他的思路已经清晰:根治"三害"。那么,力量从何而来?相信群众,依靠群众,是中国共产党的优良传统,同时也是展开工作的根本途径。治理兰考"三害",说到底还得靠兰考人民。

可是,兰考的人心散了。由于多年的灾害,积重难返,绝大多数兰考人心不在兰考,人也漂泊在全国各地,沿街乞讨,露宿街头。所以,焦裕禄面临的首要难题是:把困难面前绝望的民心重新点燃,把漂泊在全国各地的兰考人喊回来重建家园。

为此,他来到兰考仅仅一个多月,便在大量调查研究的基础上,领导兰考县委集体反省,进行了一项颠覆性的改革。这次改革，集中表现为"劝阻办公室"的裁撤和"除三害办公室"的建立。

1. 另类的"办公室"

焦裕禄初到兰考，当地有个在全国独一无二的部门——"劝阻办公室"。其职能是劝阻兰考县人口外流。

如前述，20世纪60年代的兰考，农民们外出乞讨，几乎成为不可或缺的谋生手段。这种局面，令干部们尴尬。一方面，大批群众外出，造成兰考劳动力缺失，影响农业生产；另一方面，兰考的农民群众到全国各地乞讨，不啻"家丑外扬"。因此，对外出逃荒要饭的群众，想方设法"劝阻"，成为当时兰考县党政部门的一项重要工作。

"劝阻办公室"在县、公社、大队层层设置，动用了大批干部力量，在村里劝，在路口截，在车站堵。可是，效果不彰。因为农民群众之所以外出，是饥饿所迫。仅仅靠"劝"，解决不了饥饿问题。

干部越劝，群众越烦。因为，他们留在家里毫无意义。辛辛苦苦种下的禾苗，被风沙打死；好不容易长成的庄稼，被水淹掉；白茫茫的盐碱滩，连草都不生，种也是白种。老乡们出去多少乞讨一些，还能寥补生活之需。所以，"劝阻办公室"的工作非常难做。面对饥饿的农民群众，留得住他人，留不住他心；堵得住白天，堵不住夜里。任干部们绞尽脑汁，为生计所迫的灾民，依然源源不断外出，趋之若鹜。

而且，这项工作，一度将干群关系搞得非常紧张。有一农民，被生产队长从火车站生拉硬拽带回家，不准他外出行乞。农民恼了，坐在队长家里不走，说："你不让我要饭，我家穷得揭不开锅，我只能在你家吃饭。"最后，队长又不得不亲自送他去要饭。

2. 焦裕禄的思路

在如何对待"流民"问题上，焦裕禄最初的思路与大家相同。他也希望群众留下，并为此来到兰考火车站。

火车把一车车灾民拉走，拉走的是灾民，拉走的也是兰考的生产力。全县百姓都跑出去，那书记、县长即使有天大的能耐，也改变不了兰考面貌，再好的方案也是一纸空谈。

在孙庄考察的一幕，尤其使他刻骨铭心。生产队长沈宏院见县里来了领导，竟放声大哭。该村共二十多户人家，已经连续7季受灾，大部分人外出逃荒。沈宏院说："我这个队长没法当了，种地没有人，怎么种？"❶

但是，如何让群众留下？正是在兰考火车站，面对四乡八村的灾民，他被深深地震撼。在焦裕禄的人生中，有着五年逃荒要饭的经历，他深知：若非山穷水尽，群众绝不会走乞讨的路。群众外出，是生活所迫。仅靠"劝"不行，必须解决他们心头之患。

一花不是春，独木不成林。党的领导是集体领导，进行重大的政治改革，必须在领导班子内部取得共识。对此，他非常清楚。焦裕禄去世时，曾留下了一篇未完成的遗作——《兰考人民多奇志，敢教日月换新天》。其中也提到"一个落后地区的改变，首先是领导班子思想的改变，领导思想不改变，外地经验学不进，本地经验总结不起来"。❷

正是为了达成共识，最大限度减少内耗，形成合力，使党的机关产生最大效能，1962年1月初，焦裕禄连续两次召集县委会议。

第一次是现场调研会。

焦裕禄通知所有县委委员晚间开会，委员们到齐后，他把大家

---

❶❷ 周长安等：《焦裕禄在兰考的475天》，中州古籍出版社2014年版，第39、178页。

带到兰考火车站,让委员们直面四乡八村的灾民,亲眼看看乡亲们是如何痛苦不堪地扶老携幼、背井离乡。焦裕禄面对灾民,一个个询问,老乡们一个个回答,委员们一句句倾听。严酷的现实,极大地震撼了委员们的灵魂!

与此同时,焦裕禄与大家推心置腹:"同志们,这些人绝大多数人是我们的阶级兄弟,是灾荒逼迫他们到外面去的。这不能怪他们,责任在我们身上。党把36万人民交给我们,我们没有领导他们战胜灾荒,应该感到羞耻和痛心。"他声调不高,句句在理,字字真诚,寥寥数语便使那些平日高高在上、居高临下"劝阻"别人的干部们,第一次在自己的劝阻对象面前低下了头。❶

正是在兰考火车站,焦裕禄对外流讨饭的群众不劝阻不堵截,而是亲自把他们送上火车,并嘱托他们:讨饭的地点不要太分散,便于大家互相照应。现已76岁的农民雷中江,仍记得那感人的一幕——焦裕禄扶着他的肩膀说,"我们没有领导好,让你们受苦了。你们去吧,路上注意安全。"雷中江感慨:"这几句话,说得我当时都掉泪了,当时我并不知道他是焦书记,后来才知道。焦书记平易近人,和蔼可亲,没一点官架子,那样子比老百姓还老百姓。"

这次集体调研,在很大程度上统一了认识。回到县委已是深夜,同志们心情沉重,发言都很激动,纷纷表达决心:今后要齐心协力,带领群众改变兰考面貌,为党争光,为人民造福。县委会整整开了一夜,天明的时候,会议才结束。

第二次是学习动员会。

焦裕禄领导大家学习毛泽东文选《为人民服务》《纪念白求恩》《愚公移山》等。显然,此前他已经做足了功课。在这次会上,赴任不过月余的焦裕禄,竟对兰考革命史如数家珍,告诉大家:战争

---

❶ 周长安等:《焦裕禄在兰考的475天》,中州古籍出版社2014年版,第27页。

年代,为解放兰考,曾有九位区长和数百名先烈献出了生命,烈士马福重被敌人破腹后,肠子被拉出来挂在树上。"兰考这块地方,是先烈们用鲜血换来的,他们并没有因为这地方人穷灾大,就把它让给敌人,难道我们就不能领导群众战胜灾难吗?""难道我们在灾害面前当逃兵,当怕死鬼,我们就不能领导群众战胜灾荒吗?"

振聋发聩的提问,顿使全体委员醍醐灌顶。他们深刻认识到:"为人民服务是具体的,不是抽象的。现在正是我们为人民服务的时候,不然的话,我们就对不起党,对不起烈士,辜负了人民对我们的期望。"

1963年1月,县委两次决定性的会议在此召开

现场调研,统一了认识;集体学习,确立了志向。条件成熟了,1963年1月14日,焦裕禄在社教❶会议上讲话,一针见血地指出:面对灾民外流,只靠劝阻不是好办法。劝阻是"扬汤止沸",除"三害"是"釜底抽薪","扬汤止沸"不如"釜底抽薪"。因此,我们工作的重点应当是组织群众搞好生产自救,把家里生产生活安

---

❶ 指"社教运动",小四清。

排好,让他们不再想外流。❶

3. 除三害办公室

会后,县委果断决定:裁撤原县社重镇"劝阻办公室",在原址创建"除三害办公室"。

如此一裁一创,同一间办公室牌子的更换,意义非常重大。

第一,立场转变。

原"办公室"的主旨是"劝阻",视群众为防范对象,站在群众对立面;现"办公室"是"除三害",想群众所想,为群众办实事,与群众站在了同一立场。

正如焦裕禄所说,灾民外流是"三害"所迫,我们解决不了灾害,还不许他们出去,难道让他们饿死在家里吗?他要求大家正确看待"灾民外流",认为这是一种特殊形式的"抗灾"。群众解决不了的问题,我们帮他们做。我们工作的主旨,是帮助他们抗灾。正是从这一意义,焦裕禄指出:"家丑外扬",能给我们造成更大的压力,促使我们改进工作。

第二,思路转变。

希望群众留在自己的家园,无疑是正确的。但是,如何让群众留下?原"办公室"的"劝阻"是治标,在村里劝,路口截,车站堵,捂着群众不让走,无异扬汤止沸,忽略群众外流的动因;现"办公室"则是"除三害"——治本,解决人民的心腹之患,釜底抽薪。

犹如水龙头止流,靠堵它的出口是不行的,必须将水源关上。这就是焦裕禄的办法。

这一机构的改革,影响非常大。几乎是一夜之间,兰考县紧张

---

❶ 周长安等:《焦裕禄在兰考的475天》,中州古籍出版社2014年版,第29、30页。

的空气荡然无存。老百姓外出逃荒没人管了，火车站卖票不要介绍信了。这一思路的转变，具有战略意义，显示了县委的决心。

所以，焦裕禄抓问题，非常精准。办公室更换一块牌子——"除三害"，为全县干部找准了位置。随之，一场群众性的治沙、治水、治碱的斗争在全县范围内开展。

4. 无私的政绩观

多年来，到兰考参观的同志，总难免感到困惑：焦裕禄初来乍到，便发现兰考问题的症结，他的前任，为何多年视而不见呢？

焦裕禄治理"三害"之策，很高明吗？防风——种树；排涝——挖河，这些办法，简单而直观，他的前任应该也能想得到。而且，当地群众也会向他们提出同样的建议。可是，他们却没有这样做。为什么？关键还是一个"患得患失"的问题——受困于"私"字当头的政绩观。

当干部，无不重视政绩。但当年兰考，自然条件太恶劣！沙地24万亩，盐碱滩26万亩，涝地36万亩，而全兰考耕地不足100万亩。所以，有干部称兰考是"永远填不满的穷坑"。每一任干部的经费有限，都希望用有限的经费，做些"面子工程"。可是，治理兰考"三害"，实在太难了。

防风须种树。树长得很慢，必须树长得很大才能挡得住风。通常，当代人很难享受到自己的劳动成果。即所谓"前人栽树，后人乘凉"，"花自己的钱，种人家的树"！例如，今天，我们看焦裕禄亲手种下的那棵"焦桐"，三人合抱。那是焦裕禄的树吗？焦裕禄去世已经半个世纪，那是他给我们种的树！所以，这种"花自己一任经费，为子孙后代种树"的事情，有私心的干部不愿做。

排涝要挖河。挖河更令人望而生畏。挖一条河，投入巨大。而且，兰考排涝，需要挖很多河。河一旦挖成，造福千秋万代，那是真正的"苦在当代，利在千秋"！以一次性投入、一代人的血汗，换取世世代代坐享其成。

纵观中国历史，无论何时何地，挖的所有的河，只要流到今天，都是谁见谁爱的"爱河"。可是，每条河当初开挖，无不民怨沸腾，被千唾万骂成"罪河"！隋炀帝挖京杭大运河，将国库掏空，更堪称"一条河淹没一个王朝"！

所以，兰考的领导人稍有私心，对挖河之类的事情自会"敬而远之"，宁可用仅有的经费，头疼医头，脚疼医脚。

改造盐碱滩就更非同小可，把几十万亩地的土壤性质改变，谈何容易？

所以，治理"三害"，对兰考的干部而言，投入大，见效难；是以一代人的身家，搬动兰考千百年叠压顽疾，是真正的"愚公移山"。

正因为这样，焦裕禄之前，兰考干部对"三害"避之犹恐不及，他们更喜欢搞些"短平快"立竿见影的事情。只顾眼前，不问长远，安于发发救济粮、救济款的日常工作，只指望敷衍三年五载，调动走人。这种不作为的陋习，在当时干部中影响很大。甚至焦裕禄已在当地领导群众对"三害"大动干戈了，开封地委还有领导干部表示不满，说："群众那么饿，还让他们干那么重的活，焦裕禄想把群众累死呀！"

这是两种截然不同的政绩观：有人是当一天和尚撞一天钟，眼睛仅仅盯着自己的"任内"，说到底还是一个"私"字；焦裕禄则是要以一任身家，逆袭千百年贫穷的根源，从根本上为兰考人民建功立业！正是这种忘我境界的政绩观，让那片古老的荒原重新燃起希望之火，将兰考带向了一个新时代。

所以，碰上焦裕禄这种"狠角色"，也算是兰考的造化！他不考虑政绩，没打算升官，就一条筋，要改变兰考面貌！焦裕禄是真正的理想主义者，这样的干部真是太可贵了。

五、兰考有了希望

目标确定之后,实施刻不容缓。1963年2月至8月,县委先后抽调大批干部、老农和技术员,组成"三害"调查队,在全县展开大规模的查风口、探流沙、追洪水的调查研究工作。重点调查风从哪里起,沙从哪里来;水从哪里来,如何流出去。调查队一穷二白,没有任何仪器,也没有任何现代化科技手段,一切全凭人工。

兰考有史以来第一次进行全县灾情普查

资料显示,从焦裕禄来到兰考,他几乎一刻不停,风里雨里,泥里水里,事必躬亲,以抱病之躯与大家同甘共苦。

有一次,焦裕禄带领治"三害"调查队来到仪封公社的野庄头,看见地里盖着一层淤沙。焦裕禄问:"这块地没种麦子吗?"一个社员回答:"种了,去年雨水大,麦苗长得还不赖。谁想到返青时刮了一场风,麦苗全让风沙打死了。"

调查队登上黄河堤,在黄沙漫漫的黄河故道寻找风口沙路。一阵风沙起来,沙尘如黄龙在大地上翻滚。焦裕禄手指天空,画了一个大大的弧形,"你们看,风有风路,沙有沙路,水有水路,人有人路,一点都不乱。这风向沙路的规律,我们必须弄个清楚!"

黄河滩上,风沙强劲。焦裕禄和大家只好把自行车平放在沙地,徒步跋涉。正是在呼啸的黄风沙暴中,他的肝病却又一次发作,剧烈的疼痛使他站立不稳,只好蹲在地上,指导大家绘制草图。

焦裕禄同志的肝病已相当严重。许多同志劝他坐镇县委指挥,听取汇报,无须事必躬亲。但他认定"吃别人嚼过的馍没味道",坚持背着干粮、拎着背包,和大家一起在兰考的大地上日夜奔波。

"吃别人嚼过的馍没味道",这句极具哲理而又非常"草根"的俗语,从此成为"三害"调查队坚定不渝的信条。

每当风沙弥天,是调查风源和沙丘的最佳时机,焦裕禄常和大家一起,艰难地逆风而上,一直上溯至风口沙源。每当大雨倾盆,焦裕禄总出现在风雨中,和大家顺流而下,直追到洪水归槽。干旱季节,盐碱滩白茫茫一片,焦裕禄和大家一起掘土勘验,甚至不惜以舌头辨别盐碱的种类和含量……

兰考是个穷县,调查队的工作艰苦备至,没日没夜,没有加班费,没有奖金,没有生活补助,唯一的激励就是干部带头。

例如:1963年8月3日,兰考一昼夜大雨,降水150毫米。焦裕禄冒雨赶回县委,指示值班同志:"请按我的话马上通知下去,各公社、大队的领导干部,对水情要认真查看,详细记载,就地画图。要一段一段地看,一片一片地查,弄清哪里走水,哪里阻水,哪里需要挖河、开沟、架桥、扒口!"❶

通知发出后,焦裕禄带3位干部冒雨出发,赶到水灾最重的城关公社。据时人回忆,焦裕禄挂着一根棍子探路,走在最前面。先后蹚过被洪水包围的窦寨、杜庄、王孙庄,又走过遍地积水的许楼、

---

❶ 周长安等:《焦裕禄在兰考的475天》,中州古籍出版社2014年版,第98页。

惠窑、高皂头,边走边查看水流的方向,亲自记录、绘图。黄昏时分,他们来到金营大队。大队支书李广志看到焦裕禄大吃一惊,问:"下这么大的雨,你们几个咋来的?"焦裕禄抖抖手中棍子说:"坐船,坐这条船来的。"

说着,一刻不停,召集大队干部开会,按照自己的记录和草图,一一指点各路洪水由来、流向,需要疏浚的河道和沟渠等,要求大家迅速组织,趁热打铁,迅速投入抗灾。并嘱咐,开挖河渠,会牵涉相邻大队,要彼此协商,团结治水,有困难,上报公社协商解决。

谈完工作,天色已晚,李广志安排吃饭。焦裕禄连连摆手,说,"大雨天,群众缺烧的,不吃啦!"说着,又向风雨走去。❶

如今的兰考大地,到处传扬着焦裕禄的感人事迹。他不顾重病缠身,忍受着巨大的痛苦,在风里、雨里、沙窝里、激流里,坚持度过了一百二十多个白天和黑夜,跑了一百二十多个大队,跋涉五千余里,终于摸清了兰考"三害"的底细。全县有大小风口84个,经调查队一个个查清,编了号、绘了图;全县有大小沙丘1 600个,也一个个经过丈量,编了号、绘了图;全县的千沟万壑,淤塞的河渠,阻水的路基、涵闸等也调查得清清楚楚,绘成了详细的排涝泄洪图。

说到这,有一个问题似乎已经得到答案。在宣传焦裕禄的过程中,一拨拨的记者到兰考采访,他们总有所不解:焦裕禄在兰考实际工作不过一年零三个月,可是全县无论走到哪里,90%的百姓都声称亲眼见过焦裕禄!如今看来,他们是真的见过这位栉风沐雨的好书记……

---

❶ 周长安等:《焦裕禄在兰考的475天》,中州古籍出版社2014年版,第98、99页。

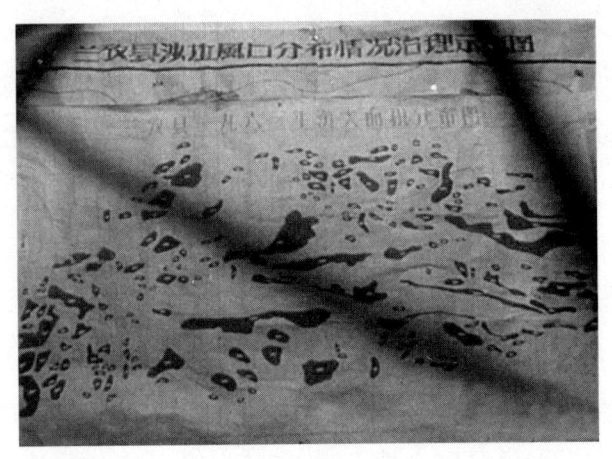
焦裕禄主持绘制的兰考有史以来第一份灾情图（隐约可见 1963 年绘制）

这种大规模的调查研究，是千百年来兰考第一次灾害普查。通过普查，县委基本上掌握了水、沙、碱发生和发展的规律。几个月的辛苦奔波，先后跋涉 5 000 余里，通过大量的走、看、问、记，获得第一手资料，终于摸清了"灾害"的来龙去脉，换来了一整套又具体又详细的资料，据此，1963 年 7 月，县委制定出一幅完整的改造兰考大自然的规划书——《关于治沙、治碱和治水三五年的初步设想》（草案）。❶

规划书上，焦裕禄同志满怀激情地写道："我们对兰考的一草一木都有深厚的感情。面对当前严重的自然灾害，我们有革命的胆略，坚决领导全县人民，苦战三、五年改变兰考面貌。不达目的，我们死不瞑目。"❷

从此，一场群众性的除"三害"斗争，在这块古老的荒原轰轰烈烈地开展起来了。

---

❶❷ 周长安等：《焦裕禄在兰考的 475 天》，中州古籍出版社 2014 年版，第 93、94、95 页。

第四章 缔造抗灾干部

兰考是个穷县,"三害"重压如山。解决兰考的问题,归根结底,要依靠当地的群众。但是,群众一盘散沙,需要组织起来,才能形成强大的力量。因此,干部是关键。

焦裕禄说过,"没有抗灾的干部,就没有抗灾的群众"。❶ 其主持制定的《关于治沙、治碱和治水三、五年的初步设想》(草案)中也指出:"治沙、治碱、治水工作既是专业工作、技术工作、经济工作,又是群众工作,也是政治工作。"打铁须先自身硬。如何首先教育干部,建设一支素质高、有威信的抗灾领导力量,至关重要。

焦裕禄是激情型的干部。但是,他深知仅靠个人的激情不够,必须点燃全体干部的激情。为缔造一支坚强的队伍,他要求干部必须做到以下几点。

一、不辱使命

身为干部,必须有强烈的使命感。在其位,谋其政;食之俸,为其民。面对困难,倘若奉命承天、尽享人民政权阳光雨露的干部尚不能率先奋起,谈何黎民百姓?焦裕禄之前,兰考党政部门最大

---

❶ 周长安等:《焦裕禄在兰考的475天》,中州古籍出版社2014年版,第41页。

的问题是：干部不作为。

有的干部被困难彻底吓到，选择逃避，申请外调；有的干部对困难熟视无睹，得过且过，安于贫穷；有的干部则把政绩不彰的责任归咎于群众，说大批群众跑出去逃荒要饭，干部纵有三头六臂也无能为力。总之，那时的兰考，各党政部门，死气沉沉，全县唯一的饶有生机的工作，就是分发外地运来的救济物资。

钟鼓有声，重在敲打。针对沉闷的兰考政坛，焦裕禄开门见山，提出三大经典命题。

1. "要在困难面前逞英雄"

焦裕禄初到兰考，曾见到一位干部写的打油诗：

十二愁

吃也愁，穿也愁；

住也愁，烧也愁；

前也愁，后也愁；

黑也愁，白也愁；

进门愁，出门愁；

愁来愁去没有头。

诗很悲观，却淋漓尽致地反映了当时的干部心态。当年的兰考县长程世平也认为，《十二愁》在干部中颇具代表性。尤其是当时，因兰考灾民外流严重，被开封地委大会点名批评，再加之前任县委书记长期思想消极，政治工作松懈，不少干部畏难几至绝望，纷纷申请外调。仅组织部部长收到的请调报告就有十多个，都想远走高飞。

1962年12月30日，62岁的副县长张奇夜邀焦裕禄，紧急反映："现在个别人害怕困难，在灾害面前畏首畏尾，嫌灾区苦，不愿留在这里工作。"焦裕禄当场表态："人的思想出了毛病，比庄稼出

了毛病危险还要大。对这些问题，我们必须马上解决。"❶

从1963年2月6日开始，焦裕禄在各种会议、各种场合，集中阐述了他经典的"困难学说"，鼓励大家迎难而上，"在困难面前逞英雄"。其基本要点如下：

第一，困难不可怕。

他要求大家，既看到困难，也要看到希望。希望在哪里？

一在党和政府。兰考是全国的一部分，兰考的困难，党中央不会坐视不管。派干部到兰考加强工作，年年救济兰考，正是对兰考的关注。

二在人民群众。三个臭皮匠，赛过诸葛亮。兰考有36万人民，群众的智慧和力量是无穷尽的，什么困难都会迎刃而解。目前困难的原因是：人心散了，大批群众外流。而要凝聚人心，干部首当其冲。

第二，怕也没有用。

焦裕禄善于把复杂问题简单化，用最轻松的语言，化解最沉重的情绪。

1963年初夏，救灾干部大会正在举行。干部们情绪低落，一个个双手捧头，不作一声。焦裕禄点将："说吧，我想听听你们的意见。"但是，提议再三，无人发言。不知谁竟带头抽泣起来，一时间引得全场一片啜泣之声。

焦裕禄走上讲台讲话："你们不说，我可要说啦！有的干部在这大好形势面前吓破了胆，躺倒就哭。可是哭有啥用？天还是要下雨，地还是要积水。对不对？要是哭能管用的话，我这个县委书记带头哭。"他伏身在桌上，"啊……啊……"地作大哭状。

会场气氛立刻为之一改，"轰"的一声，破涕为笑，沉闷情绪

---

❶ 周长安等：《焦裕禄在兰考的475天》，中州古籍出版社2014年版，第23页。

顿时消失。焦裕禄话锋一转，亲切而严肃地说："哭是懦夫的行为，不是兰考男子汉的形象！不是共产党员、共青团员、社会主义农村干部的形象！""我们干部对待困难，一是不怕，二是顶着干。怨天尤人不可有，悲观丧气不足取，无所作为不能要！"

一番入情入理的肺腑之言，台下干部们无不向他投以钦佩的目光，点头称是。

第三，别人都不怕。

人多有从众心理。焦裕禄坚信，榜样的力量是无穷的。所以，他总是随时随地，以群众中艰苦奋斗的典型激励干部。尤其在1963年8月27日，焦裕禄主持召开了全县劳模表彰大会，着重要求全县各级领导干部必须参加。

正是在这次大会上，兰考全县最耀眼的劳模，诸如"韩村""秦寨""赵垛楼""双杨树"等，都是来自最穷最困难的地方。他们的成功，最具说服力。焦裕禄亲自为这些劳模们鸣锣开道，请他们到主席台上，在万人之前用他们土得掉渣的语言介绍艰苦奋斗的经验。

之后，焦裕禄当场概括出他们的特点："韩村的精神，秦寨的决心，赵垛楼的干劲，双杨树的道路。"

劳模们发言之后，焦裕禄高高举起右臂号召："我们这个群英会，也是个誓师会。全县都要学习韩村的精神、秦寨的决心、赵垛楼的干劲、双杨树的道路，像韩村人那样大灾压不垮，像秦寨人那样土地爷的肠子也敢掏出来晾晾，兰考每年国家供应粮食不下2 000万斤，眼下还有1万多人在外谋生。'三害'不除，兰考就永不可能摆脱贫困。像赵垛楼人那样憋足了劲和'三害'作斗争，像双杨树人那样坚定不移地走自力更生的道路。"

据当时的干部们回忆：这次大会，干群之间的抗灾决心均达到高潮。尤其干部，无不扪心自问：与农民相比，待遇和条件之优越，不言而喻。农民尚不畏难,干部哪还有"怕"的理由?

第四,困难是一种力量。

焦裕禄的身上,有着鲜明的英雄主义的品格——视困难为正能量。面对困难,愈挫愈勇。

当初接受组织委派,他就说过,"感谢组织把我派到最困难的地方"。来到兰考,他又极其自然地向他的同志们传递着这种英雄气概。他不止一次地开导大家:"兰考是个大有可为的地方","灾区穷、困难多;但灾区有个好处,它能锻炼人的意志,培养人的革命品格,革命者,要在困难面前逞英雄。"

领导干部的人格魅力是不可低估的,正是他的肺腑之言,感染了大家。很快,他的名言——"革命者要在困难面前逞英雄"成为兰考干部和群众的口头禅。

不仅如此,焦裕禄还以他特有的灵活与智慧,帮助干部们设想克服困难的思路。例如,针对严重受灾的城关公社,他指出:"我认为城关公社形势很好,困难中的有利条件很多,我给它归纳了四句话就是:夏季丢了秋季捞,洼地丢了岗上捞,地上丢了树上捞,农业丢了副业捞!"

一席话使大家茅塞顿开,争相发言。

有的说,"麦子受淹,可以早收,晚秋就能早种"。

有的说,"沙坑积水,沙丘的墒好,可以种沙丘"。

有的说,"俺队有那么多枣树,精心护理枣树,只要大枣丰收了,就啥也不愁了"。

有的说,"咱离火车站、县城这么近,开展运输多方便。这项副业不费本、收入大"。

……

与此同时,对于干部中的畏难情绪,焦裕禄毫不留情地提出批评,指出:"在困难面前,两种人抱两种态度。"一种是迎难而上,

"站起来,斗争过去,越是困难越往前闯,把困难当成前进的动力"。另一种是悲观失望,"只看到困难,看不到有利条件。他们不相信党,不相信群众","怕困难,怕革命,不敢斗争,不敢胜利,不是战斗着过,而是得过且过"。前者是好同志,后者是可耻的。❶

就这样,困难重重中,焦裕禄以大无畏的革命精神,激励着我们的干部,始终走在群众抗灾生产的前线。

2. "干革命,不能混革命"

不同年代,有不同的习惯性用语。20 世纪 60 年代,"革命"是标志性语言。那时,我们的社会刚刚自战争年代走来,人们习惯性地把所有的工作,都称为"革命工作"。

针对有的干部对困难熟视无睹,安于贫穷,不求上进的不良倾向,焦裕禄一针见血,指出其思想根源:"有的人说什么'上游太辛苦,下游打屁股,中游最幸福';说什么'表扬不表扬没关系,只要不批评就是福气'。这种人的脑子里存在很多'怕'字,怕苦、怕紧张,怕犯错误。"

进而,焦裕禄又毫不客气,列举其种种表现,供干部们"对号入座":"做起工作来平平常常,不愿动脑筋,不愿动手,不愿学习,重要会议不记笔记,对下情一知半解,或者只知不解,或者不知不解,人云亦云,信假为真,没有肯定的结论,回答问题总是'估计''大概''差不多'。"

最后,焦裕禄发人深省地发问:"这能带领群众改变你那个地区的面貌吗?能治理'三害'吗?这是干革命吗?不!这不是干革命,是混革命。"❷一个"混"字,淋漓尽致地表达了他对这种做法的鄙视。

---

❶❷ 周长安等:《焦裕禄在兰考的475天》,中州古籍出版社2014年版,第43页。

正是焦裕禄同志的正确引领,在除"三害"过程中,整个兰考以"混革命"为耻,呈现出一片波澜壮阔的争上游、树红旗、好人好事层出不穷的局面。

3. "干部不领,水牛掉井"

村看村,户看户,群众看干部。干部不作为,群众则一盘散沙,这是最简单的道理。但是,焦裕禄到兰考之前,当地党政部门政绩不彰,却普遍诿责于群众外流。

1963年2月4日,焦裕禄在县委扩大会上要求大家开展批评与自我批评,人人过关,深查自省,并石破天惊地指出:"没有抗灾的干部,就没有抗灾的群众。干部不领,水牛掉井。"❶

该命题将群众比作"牛",力大无穷;将干部比作缰绳,重在引领。群众无干部的引领,犹如坠井之牛,空有一身气力却没有方向。所以,干群之间,干部是决定的因素。有落后的干部,没有落后的群众。干部强,则地方强。地方落后,干部难辞其咎。

这一鲜明的命题,简洁深刻,通俗易懂,堪称对干部责任感的经典表述。

从政治学的基本逻辑看,中国共产党是执政党。身为执政党干部,掌握着公共资源,正确引领群众,是不可推卸的责任。因此,群众大批外流,逃荒要饭,无论怎么说,都是干部不作为。

从中国共产党党性看,群众路线是党的根本政治路线和根本组织路线。密切联系群众,是党的本质要求。群众一盘散沙,干部离心离德、各行其是不无关系,无论怎么说,都是干部走错了路。

正是这次会议之后,"干部不领,水牛掉井"八个字,在兰考干部中迅速传开,成为大家的执政共识。

---

❶ 周长安等:《焦裕禄在兰考的475天》,中州古籍出版社2014年版,第41、43页。

焦裕禄在兰考树立的先进典型——韩村、秦寨、赵垛楼和双杨树等，每一面红旗的下面，都有一位为群众赴汤蹈火不辱使命的好干部，如：赵垛楼大队支部书记赵培德，韩村生产队队长孙少甫，双杨树村的大队支部书记王花祥，秦寨大队的大队支部书记秦家安，直到今天，他们引领大家战天斗地的光荣传奇，仍在群众中口耳相传。

二、作风正派

"干部不领，水牛掉井"，说的是干部不作为，将贻误工作。作风不正的干部，则不是"不领"的问题，而是领错路，败坏风气。

公生明，廉生威。我们的理论和政策，往往是好的。但是，理论再好，写在文件上的政策再漂亮，毕竟是纸上的东西；干部行为，才是真刀真枪。群众评价我们的工作，不仅看理论、看政策，更重要的是盯着干部的一举一动。干部们一个不良行为，一个害群之马，都可能造成公信力的全面下泻。

因此，焦裕禄对干部作风，常抓不懈，防微杜渐。

1. 查处贪腐

焦裕禄坚信，群众的眼睛是雪亮的。任何贪腐，都不可能瞒天过海。因此，在查处贪腐方面，焦裕禄坚持两大原则。

有报必查原则。 1962年12月31日，有来信反映，三义寨公社个别生产队，干部多吃多占，影响恶劣。该举报信，一无举报人签名，二无取证线索。但是，焦裕禄立即派人前往，对西马庄第八生产队核实。经查，并未发现信件中所反映的问题。

但是，正是这么一件查无实证的来信，却催生了一项全县性的廉政新规。因为，在调查中发现，该生产队年终分配，仅会计一人结算。全队的收入、支出、库存，记账非常混乱。而且，账目不向群众公布。

焦裕禄要求工作组写出书面报告,并于其上批示:"农民以种田为本,全家吃喝都要依靠劳动的收入。如果社员对劳动的收入、支出、库存不摸底,怎能不影响社员的集体生产积极性呢?"

焦裕禄敏感地认识到,这是一个严重事件。这种做法,不仅会为不正之风大开方便之门,而且是对群众路线的严重违背。人民群众对自己的劳动成果,不仅没有支配权,甚至连知情权也被剥夺。长此下去,必将影响干群团结,造成群众对干部的不信任,不利于全县抗灾大局。他随即批示:"全党抓分配,希望各区、公社党委检查运动时首先检查分配搞了没有,有什么表现,有什么结果,有什么经验。然后再检查其他问题。"并要求:"下去的干部,能写的都要向县委写你所在的那个生产队的生产和分配决算工作情况。能写多少写多少,写啥样算啥样,不讲文字如何,只要有情况、有问题、有意见就行了。"❶

生产队账目必须公开,主动接受群众监督。这一管理理念,从此成为兰考各区社生产队的一项硬性规定。

有错必办原则。 1963年2月,焦裕禄和同志们到红庙区调查群众生活。得知该区葡萄架公社土山寨村最穷,他们便悄然入村,挨家挨户访问。当晚,召开群众座谈会,请大家查找土山寨贫穷的原因。群众反映:"一是连年受灾;二是生产队长不好好引领,整天吃吃喝喝,把队里留的种子都吃光了!种地时耩空耧、跑瞎趟!"

吃吃喝喝在当今看来似乎问题不大。但是,考虑到那个年代民生的艰难,竟把种子吃掉,的确不是小事。而且,种地"耩空耧,跑瞎趟",更是视民生为儿戏!焦裕禄非常震惊,当即打电话给红庙区委,责令次日来人查处。

---

❶ 周长安等:《焦裕禄在兰考的475天》,中州古籍出版社2014年版,第24页。

次日，红庙区委经调查核实，对该生产队长撤职查办，并给群众发放救济粮。

紧接着，焦裕禄举一反三，又在城关区、张君墓区召开多次座谈会，要求各区社结合发放救济粮问题，发动群众，全面普查，坚决杜绝涂改、填空名、克扣救济粮和干部贪污多占现象。

联系当今反腐，此事虽小，却有诸多可圈可点之处。

第一，主动召集群众座谈，查找问题。而不是被动地等着群众举报、闹事、上访，甚至发生恶性事件之后，才派人查处。

其实，干部是我们党组织选拔委任的；委任之后，管理和督查保证干部的廉洁，是党组织的一项重要工作。因此，干部出了问题，组织已有失察之责，本应迅速主动查处，以免贻误工作，为患民生，使党政部门蒙羞。一旦到了群众举报、闹事、上访的地步，实际上已经被动了。如果再继续推诿、延宕，那就是对党和人民事业的极不负责，有时甚至可能酿成恶性事件！

焦裕禄为我们组织工作指出了一个途径：主动召集群众座谈会查找问题。找最穷的村，让群众座谈穷的原因，群众的眼睛是雪亮的，在座谈中发现了腐败。倘若如此，群众举报、闹事、上访事件的发生，自然会大幅减少乃至消失。

第二，当场给区委打电话，责令次日派人调查。没有一点点官腔，什么"研究研究"，一级一级的"公文旅行"全都没有。

第三，举一反三。窥一斑而知全豹，很多事情，不是孤立的。发现苗头，立即普查，扩大战果。焦裕禄这种未雨绸缪、防患于未然的做法，与现今国际流行的安全理论"海因里希法则"不谋而合。

该法则提出 300:29:1 的逻辑，认为事故不是孤立存在的。其概率为：一件重大事故的背后，有 29 件"轻度"事故，并有 300 件潜在事故。若对潜在事故毫无觉察，会导致无法挽回的损失。

灭隐患于萌芽，是焦裕禄的风格，也是焦裕禄成就辉煌的原因之一。群众反映意见，是对组织的信任，也是对党和人民事业的爱护。晚一天处理，就多贻误一天工作。对群众意见认真对待，是对群众的尊重，也是政治责任感的表现。反之，倘若对群众意见久拖不办，群众就会产生被漠视的感觉，选择越级上访。

2. 杜绝特权

群众路线要求党的干部相信群众，依靠群众，与群众打成一片。可是，倘若群众对干部反感，不相信干部，一切就无从谈起。干部利用权力搞特殊化，最容易招致群众的反感。

焦裕禄深谙群众路线真谛。在兰考期间，他不仅自身时时以群众为念，处处与群众看齐，并反复告诫兰考的干部们："坚持与群众同甘共苦，不搞特殊，特别是灾区工作的同志，要注意生活问题，不然就会脱离群众。"❶如今在兰考，他的经典语录，仍然广为流传。

"**谁多占，谁退出；谁吃喝，谁拿钱**"。在贫穷的年代，粮食弥足珍贵。兰考是重灾区，政府年年动用国库，调拨"统销粮"以解燃眉之急。

所谓"统销粮"，是计划经济时代的概念。那时粮食凭票供应，价格极低。但粮票限量紧张，黑市 1 斤粮票的价格抵 10 斤粮价不足为奇。"统销粮"就是救济粮，无须粮票即可购买。围绕这些"统销粮"，干部多吃多占现象时有发生，影响很坏。

1963 年 2 月 16 日，焦裕禄路过张君墓区王大瓢村，发现几个屋顶晒有牛皮，经询问得知，耕牛饿死了。

农民爱牛如命，牛竟然被饿死，焦裕禄料定，群众生活一定很苦。而经验告诉他，凡是特困地区，干部往往有问题。随即，焦裕禄入村查访。原来，该村连续三年受灾，本已非常困难，上级发放

---

❶ 周长安等：《焦裕禄在兰考的 475 天》，中州古籍出版社 2014 年版，第 49 页。

的救济粮，竟有 4 000 斤被用于照顾干部大吃大喝！

焦裕禄立即责成张君墓区委悉心调查，对多吃多占干部严加查处，并亲自立规五条：

(1) 谁多占，谁退出；

(2) 谁吃喝，谁拿钱；

(3) 对不合理的救济，由发放人员动员退出；

(4) 干部留的机动粮，一律收回；

(5) 统销粮的发放，由群众评议讨论后再分到户。❶

五条硬规，句句切中时弊。尤其"谁多占，谁退出；谁吃喝，谁拿钱"，言简意赅，斩钉截铁，无丝毫回旋余地，彰显有错必纠，一丝不苟，与"干部特殊化"势不两立。随着相关干部的退赔，群众利益得到维护，及时遏制了特殊化歪风，挽回了影响。

发现问题，顺藤摸瓜，是焦裕禄的工作特点之一。此后数日，他又马不停蹄，18 日到城关区召集金营、羊山寨、窦寨等重灾公社开座谈会；19 日到仪封区检查工作；❷之后，又到三义寨、爪营等区调研。所到之处，焦裕禄均要求围绕"统销粮"展开全面检查，将好坏典型及时上报。21 日至 22 日，焦裕禄又在全县专项生产会议上强调：继续教育干部和人民同甘共苦，当好人民的勤务员，向一切危害党的不良倾向做斗争，并以党纪国法警示干部。❸

与此同时，焦裕禄率先垂范，对自己一丝不苟。

1963 年春节前夕，县委办公室给焦裕禄家送去几斤肉。这时的焦裕禄，刚到兰考月余，对许多规定，茫然无知。

焦裕禄问："都有一份吗？"

来人答："快春节了，书记们忙，顾不上打肉，这是特意照顾领

---

❶❷❸ 周长安等：《焦裕禄在兰考的 475 天》，中州古籍出版社 2014 年版，第 47、49～50 页。

导的。"

焦裕禄说:"我家的肉已经打过了,你回去看看办公室谁没有打肉,就送给谁吧。"并嘱咐县委办公室:以后不要再单独照顾领导了。❶

焦裕禄初到兰考时,看到汽车站对面有个废水坑,建议城关镇渔场放苗养鱼。而后,他又经常到鱼塘关心指导,并为他们解决困难。"吃水不忘挖井人",鱼长成了,渔场的同志背着他,给他家送去十多条活鱼。焦裕禄得知,对想吃鱼的孩子说:"鱼塘是集体的,这些鱼是叔叔们辛勤劳动养大的,咱们没有劳动,不能要,想吃鱼明天赶集去买。"❷说完,让儿子国庆把十多条鱼送还了渔场。

焦裕禄偶尔也搞点"特殊"。有一次在汴寨村走访,他被安排在一位村干部家吃饭。桌上摆着鸡蛋、肉、粉条等。经询问,那干部回答:"今天我老战友来了,多年不见,咱一起吃吧!"焦裕禄一听,笑呵呵说:"我们常见面啊!"说着,到厨房拿了个馒头和一块咸菜便走,留下2角钱和3两粮票。❸

"前排的位置应该让群众坐"。20世纪60年代,文娱生活贫乏,兰考县仅有一座剧院。焦裕禄来之前,给县委领导送戏票是惯例。当时的县委书记特别爱看戏,但从不买票。剧院给他留的票,总是第三排正中位置。他屡屡率领全家和一大群看"白戏"的人,占满第三排座位。时间一长,群众便称这群人为"老三排",称该领导人为"三排排长"。而且,"排长"未到,戏迟迟不能开场。后来,看"白戏"发展到县委每个机关都有份。对此,群众意见很大,严重影响干部形象。

终于,焦裕禄"发难"了。有一天,他在剧场外排队买票,有

---

❶❷❸ 周长安等:《焦裕禄在兰考的475天》,中州古籍出版社2014年版,第32~33、136、64页。

人惊奇地发问:"焦书记,你看戏也排队买票啊!"

焦裕禄笑哈哈地反问:"我怎么就不能排队买票?"

那天,焦裕禄买了一张第 27 排的票,对号入座。剧场负责人得知,立即跑来表示抱歉说:"焦书记,请到前排坐。"

焦裕禄和蔼地说:"谢谢!我买的就是这一排的座。"

剧场负责人说:"前排有给县委领导留的位置,这是多年的老规矩啦!"

焦裕禄答道:"过去个别人兴起的老规矩不合理,应当废除。我们不能为了迁就某些人的坏作风而放弃原则,要处处为群众着想。""乡下群众轻易不进城,看戏的机会少,前排的位置应该让他们坐。"

"坐在破椅子上不能革命吗?"。当年的兰考,是一个穷县。兰考县政府驻地,很早以前是文庙,日伪时期在院内盖了两层楼房,成为伪县政府。后来,兰考历任县长都住在这个小楼上,人称"县长楼"。此楼年久失修,家具破败不堪。

焦裕禄任县委书记期间,县长程世平曾提出一个装修计划,说办公室墙体起碱严重,打算装上木头墙裙。将桌子、椅子、茶具,全面换新,并主张盖一批新房。而且表示:"花钱我负责。"

但是,焦裕禄不同意。他说:"灾区面貌没有改变,还大量吃着国家的统销粮,群众生活很困难。富丽堂皇的事,不但不能做,就是连想也很危险。"并振聋发聩地问:"坐在破椅子上不能革命吗?"❶

关于这精彩的一问,还有一种说法:有一天,焦裕禄到除"三害"办公室,顺手掂个板凳准备坐下,被同志们急忙拦住,原来那是一个三条腿的凳子。同志们就势提出,为除"三害"办公室每人配一套办公桌椅。焦裕禄意味深长地开导大家:"长征的时候,几百

---

❶ 穆青等:"县委书记的榜样——焦裕禄",《人民日报》1966 年 2 月 7 日一版。

第四章 缔造抗灾干部

焦裕禄同志的办公室

个人也没有一张桌呀！毛主席住在陕北的窑洞里，坐在一把破椅子上，指挥了全国多少战役？写出了多少光辉著作？我们坐在破凳子上就不能革命吗？"❶

任彦芳《焦裕禄身后：我与兰考的悲喜剧》考证："坐在破椅子上不能革命吗？"焦裕禄确实说过这话，但不是针对"程世平的装潢做家具"，而是对除"三害"办公室主任卓兴隆讲的。当时除"三害"办公室缺椅子，卓兴隆向焦书记诉苦，焦书记说了这句话。❷

其实，焦裕禄究竟在哪里说的并不重要，重要的是，他确实说了这句话，并在兰考传播开来。而且，很有可能，在两个场合，他说了同样的话。因为，观念一旦形成，必然表现于言行，无论到哪里，都始终如一。事实上，焦裕禄也正是这么做的。直到去世，他仍然坐着他的破藤椅，穿着补了又补的破袜子，盖着补了又补的破被子，却干出了惊天动地的事业。

---

❶ 焦裕禄干部学院：《永恒的丰碑——焦裕禄的故事》，大象出版社2014年版，第83页。
❷ 任彦芳：《焦裕禄身后：我与兰考的悲喜剧》，广东人民出版社2009年版。

言及此，笔者不禁联想到 2009 年 7 月 17 日《成都晚报》的一篇短文，其中写道："前不久，几位朋友到数十亿建造的中国石化大楼参观，10 余层高的辉煌大堂已让所有人惊讶了，可是负责接待的领导偏偏让大家猜猜悬挂在大堂中间的一个吊灯的价格，有人猜 8 千，有人猜 5 万，有人猜 10 万，也有朋友看看接待方的眼神和摇晃的脑袋，大胆报出 100 万的天价。接待方的领导看大家真的猜不出来了，便说'再加 10 倍也不够！'，大家真的目瞪口呆了。'啊？1 000 多万一个灯？'这时接待方领导小声地说，'1 200 万'。现场所有的人彻底'晕'了！"

时隔两天，7 月 19 日《北京青年报》以记者采访的形式为之澄清："中石化有关人士昨天接受本报记者采访时表示，天价吊灯 1 200 万的说法与事实不符。据这位人士介绍，位于中石化大楼中厅的吊灯高 4 米、直径 6.5 米，主要材质为水晶和钢板镀铜，从设计、制作到运输、安装，全部造价为 156.16 万元。"

我颇困惑：1 200 万也好，156 万也罢，一盏灯而已，有必要如此铺张么？时下，落实中央"八项规定"，重温当年焦裕禄"坐在破椅子上不能革命吗"的责问，某些干部的脸上真该发发热，出出汗。

"群众站着，我怎么好意思坐"。焦裕禄身为县委书记，对干部的要求非常严格。上至县长，下至村官，一丝不苟，有错必纠。可是，我们注意到，即使他如此毫不通融，兰考的党政干部，甚至包括曾被他严厉批评处理过的干部，对他无不心悦诚服。究其原委，皆因率先垂范，严于律己。

当年的兰考，全县只有一部小车。焦裕禄是县委书记，用车是正常的。可是，焦裕禄从未用过那车。他骑自行车。而且，每次外出，他都和县委通讯员刘俊生同骑一辆车。甚至，每次都是 41 岁的他蹬车，30 岁的刘俊生"不劳而获"，坐在后面。有一次，焦裕禄和刘俊生风尘仆仆地从乡下赶回,等候多时的外县干部远远看到,惊呼,"你们县委书记这么年轻啊!"大家忙解释:"前面蹬车的才是焦书记!"

火车上的一幕更令大家难忘。到郑州开会,焦裕禄和县委同志们乘火车。那时的火车,只有始发车对号入座。从兰考上车,没有座位,车厢内非常拥挤。焦裕禄是县委书记,身体不好,所以县委的同志帮他觅得一个座位。可是,焦裕禄坚持不坐,说:"你看,这么多群众都站着,我怎么好意思坐?"一直坚持站到郑州。

这件事曾经在兰考干部中引起广泛的讨论。有人认为焦裕禄做得对,也有人感到不解,认为:焦裕禄是兰考的县委书记,若在兰考县、面对民众,大家站着,县委书记不好意思坐,似乎还说得过去。火车上的群众,遍布五湖四海,与兰考什么关系呢?

这就是老共产党人的风格——以天下为己任,心里装着五湖四海的群众。无论走到哪里,只要看群众站着,我们就不好意思坐下,一份崇高的对于人民的大爱便油然而生;这就是老共产党人的风范,过去共产党得天下,靠的就是这份大爱,这份执著。

笔者联想到一位局长朋友,他告诉我,"其实,我喜欢坐公交,既宽敞,又安全。可是,咱是局长,怕被熟人看到不好意思"。

两个不好意思:焦裕禄是"群众站着,我不好意思坐"——"搞特殊化不好意思";现在那位局长是"群众坐公交,我不好意思也坐公交"——"不搞特殊化不好意思"。思想的沦落是最可怕的。中央疾呼整治官僚主义,恰当其时。

3. 整顿以权谋私

干部在群众中有无威信,取决于如何用权。群众看干部,听其言,更重其行。执政为民,则深得民心;以权谋私,则众叛亲离。权力的运用,是良莠、忠奸的分水岭,决定着干部的执行力。

事关子女和亲属，更堪称人性聚焦，备受群众关注。对此，焦裕禄尤其克勤克慎，如临深渊，明察秋毫，有错必究。

儿子看"白戏"，看出"十不准"。事情缘起于焦裕禄的儿子焦国庆。1963年1月3日晚，焦裕禄11岁的儿子焦国庆来到戏院门口，检票员老肖听说他是焦裕禄的儿子，就让他进了戏院。

焦裕禄得知此事，十分生气地训斥儿子："你小小年纪不能养成占便宜的习惯，看'白戏'是剥削别人的劳动果实！"

孩子辩解："看'白戏'的又不是我一个！"并一口气说出一大串名字，差不多都是干部子女。这件事引起焦裕禄的警觉。

他首先召集家庭会议，正颜厉色："我是县委书记，我的孩子不能特殊，不能胡作非为！党的干部是人民的勤务员，不是骑在人民头上的老爷！看戏不给钱，个个干部家的孩子都这样，电影院不就成了不要钱的干部子女电影院了？"他立下规矩："从今以后，凡是应该做的事，别人家的孩子不做，我县委书记家的孩子要做；不该做的事，别人家的孩子做了，我县委书记家的孩子不能做！我们要带个好头，树个好家风。"

第二天，焦裕禄命令孩子把票钱补交给戏院。同时，考虑到春节（1月25日）即将来临，各种陋习歪风难免蜂拥而至，1月18日，县委颁发了焦裕禄亲自起草的《干部十不准》，震撼全县。

其具体内容是：

一、不准用国家的或集体的粮款或其他物资大吃大喝，请客送礼；

二、不准参加或带头搞封建迷信活动；

三、不准赌博；

四、不准用粮食做酒做糖，挥霍浪费；

五、不准拿生产队现有的粮款或向社员派粮派款，唱戏、演电影办集体和其他娱乐活动，谁看戏谁拿钱，谁吃喝谁拿粮，一律不准向社会摊派；

六、业余剧团只能在本乡本队演出，不准到外地营业演出，更不准借春节演出为名大买服装道具，大肆铺张浪费；

七、各机关、学校、企事业单位和党员干部都要以身作则，勤俭过年，一律不得请客送礼，一律不准拿国家物资，到生产队提取国家统购统派物资，一律不准用公款组织晚会，一律不准送戏票，十排以前戏票不能光卖给机关或几个机关经常包完，一律不准到商业部门、合作社部门要特殊照顾；

八、坚决反对利用职权贪污盗窃国家的或生产队的物资，坚决禁止利用封建迷信欺骗和剥削社员的破坏活动；

九、积极搞好集体的副业生产，增加收入，改善生活，反对弃农经商，反对投机倒把；

十、不准借春节之机，大办喜事（不是不准结婚），做寿吃喜，大放鞭炮，挥霍浪费。❶

很明显，《干部十不准》因"白戏"而起，但其中涉及"白戏"的，仅"谁看戏谁拿钱""一律不准送戏票"两点。文件发乎方寸，弥之四海，将"贪污浪费""社会摊派""公款消费""请客送礼"等政坛时弊全面覆盖，条条、句句都是人民心声。

半个世纪过去了，我们的国家早已发生翻天覆地的变化。可是，如今将《干部十不准》详读之，推敲之，仍难免拍案叫绝。真是故人已去，精神永存。50年前的《干部十不准》与当今的《八项规定》，竟然异曲同工，句句切中时弊，堪为干部修身之肃风宝典。

当年的焦国庆，后投身军旅，曾任董存瑞生前所在班班长、所在连连长，后任营长、副团长，并被评为军区优秀共产党员。2009年4月，习近平在兰考见到他，曾亲切地问："你就是那个'看白

---

❶ 周长安等：《焦裕禄在兰考的475天》，中州古籍出版社2014年版，第35页。

戏'的孩子吧？看了一场'白戏'，你父亲还专门召开了家庭会议，起草了《干部十不准》，规定任何干部在任何时候都不能搞特殊化。'看白戏'的故事始终深深地印在我的脑海里。"❶

女儿跟上他，满街送酱油。 焦裕禄的女儿焦守凤初中毕业，好几个单位主动送来招工表，有劳动局、教育局、气象局、卫生局、工业局、工商局等，都是县直属单位。

焦裕禄问守凤："你们同学，有没有人把招工表送到他们家里的？"

守凤老实地回答："她们都发愁得不行，找不到工作的单位。"

焦裕禄说："招工表送到咱家，是因为你爸爸是县委书记。"随后，焦裕禄把送招工表的五六个单位负责人叫到办公室，将表格全部退回。

守凤不解地问："凭什么呀？"

焦裕禄说："就凭一条，你是县委书记的女儿。"

焦守凤很有志气。自己报考县邮电局，并被录取做了话务员。而且，她的报名表"家长"一栏并未填写焦裕禄的名字，仅填写妈妈徐俊雅。

不料，上班十多天后，焦裕禄竟告诉他："你自己能考中，证明了你的能力。但这个工作暂时还不适合你。我已经跟你们局长谈过了，安排你去补劳动这一课。"

次日，他将女儿带进县食品厂，安排在最苦、最累、最脏的酱菜组做临时工。❷ 她每天的工作，就是往县城10多家门市部送酱油。

一个刚出校门的小姑娘，担着四五十斤的酱油桶走街串巷，肩膀都压肿了。厂里工人都说，"这妮儿哪像是县委书记的闺女，专拣

---

❶ "让生生不息的焦裕禄精神发扬光大——习近平兰考缅怀焦裕禄记"，《河南日报》2009年4月7日。

❷ 周长安等：《焦裕禄在兰考的475天》，中州古籍出版社2014年版，第105页。

第四章 缔造抗灾干部

焦裕禄的大女儿焦守凤和小儿子焦跃进

别人不愿干的活儿,身上出的汗比谁都多"。

女儿感到委屈。焦裕禄说:"跟上我这个县委书记,咱家人就得受委屈。"为了鼓励女儿,他甚至亲自担着酱油桶和女儿一起走街串巷。

"领导干部的家人就得受委屈吗?"如今很多人不理解。他们会说:领导干部的家人也是人。从法律的角度,按人人平等的原则,只要合乎规定,在同样的游戏规则下,完全可以当仁不让。

但是,法律不是唯一的选择。若从政治的角度深究之,立足于党的利益、人民事业的利益,焦裕禄提出的这一命题,有着坚强的逻辑基础。

第一,客观地看,领导干部的身上,往往拥有一种隐形特权。由于他们掌握着权力和资源,即使不主动以权谋私,也有可能产生一种无形的力量。例如,任何剧院都不会规定"孩子可以看'白戏'",但当检票员得知来者是县委书记的"公子",就有可能故意"监管不严"。这种"形式的公平"和"实际的不公平"现象很难杜绝。

第二,主观地看,身为领导干部,应主动避嫌。在一些敏感问题上,由于领导干部握有权力和资源,即使是公平竞争,领导干部子女胜出,往往也会产生一些不明真相的议论。例如,焦守凤虽然是通过考试进入邮政局，其表格并未填写焦裕禄的名字。可是，由于焦裕禄是万民瞩目的县委书记，邮政局又是他治下最好的单位之一，倘若焦守凤不退出，则难免在群众中产生种种联想和私下议论。而且，群众私下议论，领导干部没有解释的机会。这种议论，对党的形象和事业是有害的。

因此，对容易引起议论的事情，应实行"亲权回避"原则。领导干部的家人，宁可受点委屈，亦应尽可能避嫌。不应追求那种形式上的"人人平等"。例如，时下中共中央有关"裸官"的规定，便是对领导干部的"委屈化"要求。

第三，从党性原则看，党的干部是人民公仆。既然是公仆，就要吃苦在前，享乐在后，有奉献精神。不宜过分与普通群众争名夺利，斤斤计较。同等条件，干部应有所谦让。为了更好地工作，随时准备吃亏、受委屈。没有这种胸襟，就是不称职的干部。北宋名相范仲淹尚且有"先天下之忧而忧，后天下之乐而乐"之高风，何况我们共产党人！

廉政风暴中，走出坚强队伍。对子女，焦裕禄是循循善诱的严父；对干部，他是一丝不苟的班长。

20世纪60年代初，"共产风"刚刚席卷过的中国农村，普遍管理混乱，干部多吃多占现象严重，兰考县也概莫能外。例如，前县委书记甚至直接命令村干部为其划出一块自留地，打的粮食，养的鸡鸭，送到他家。书记如此，上行下效，诸如公社领导，银行干部，生产队长，一般党员，难免八仙过海，各显神通。

有些是隐蔽的，例如，一个银行营业所主任，通过为生产队贷款提供特殊照顾，将其家属的名字列入生产队花名册，参加分配。

有些则是公开合法运作，例如，救济粮、救济款的发放，给干部、尤其是领导干部较多的名额。甚至，焦裕禄亦曾名列其中。

当然，据当年老同志的回忆，焦裕禄有六个孩子，生活的确困难。可是，他毕竟是行政14级干部。而且，他的爱人徐俊雅也是国家职工。县委书记如果到了吃国家救济的地步，一般农民百姓又当如何？

对领导干部的照顾，实际上是为各级干部以权谋私开启方便之门，同时也是将领导干部推上群众舆论的风口浪尖。焦裕禄深知，此风不刹，我们的干部队伍不可能有战斗力。对此，焦裕禄三管齐下。

第一，迅速查处。在得知县委机关救济名单的当晚，焦裕禄紧急召开机关党员大会。他在会上严肃指出："发放救济款，不仅仅是几个钱的问题，要把它当成一件政治任务去做。要教育干部，对生活上的困难，首先要依靠自己省吃俭用去解决。我们都有工资，不能坐等救济。""我们是县委机关，应给全县干部做出榜样。"并斩钉截铁地说："评给我的救济，我一分也不要。"在他的带动下，当场有10多位干部退出救济人员名单。❶

身正方能正人。在县委机关率先垂范的同时，全县一视同仁，对所有以权谋私行为的查处，采取"事不过夜，雷厉风行"的原则。

例如，1963年元月1日，赴任仅20多天的焦裕禄收到群众来信，反映城关区盆窑公社干部以权谋私。这天正值元旦，但是，焦裕禄一天也不耽搁，当天赶赴现场，核实情况，并会同区、社党组，对个别干部违反按劳分配原则，严重贪污多占，甚至放高利贷雇工剥削等问题，严肃处理，第二天通报全县。

认真对待群众来信，极大增强了党政部门的公信力，激发了群众的举报热情。在焦裕禄的主导下，兰考县委采取"有报必查，查实必办"的原则。而且，为扩大影响，教育干部，坚持"查办一例，通报一例"。通报材料往往是焦裕禄亲自撰写。

---

❶ 周长安等：《焦裕禄在兰考的475天》，中州古籍出版社2014年版，第31、32页。

例如，1963年2月28日，焦裕禄得知城关区个别党员干部在统销粮问题上弄虚作假，立即责成区委查处，并代为撰写材料通报全县，在通报中重申："我们的党员干部是人民的勤务员，是为人民服务的，不能利用手中的权力为自己谋私利，贪污多占。"

3月11日，焦裕禄又亲自起草了"关于机关干部开荒和家属安排的通报"，查处以前任县委书记为代表的向生产队要"自留地"、在生产队吃"空额"等问题。❶

有一次，兰考县检察院工作人员在下乡检查中，发现一名生产队长"贪污自肥"，利用职务之便，偷了1.2万块砖、9 000片瓦、32棵树盖了3间瓦房，并偷了920斤麦种。

接到情况反映后，焦裕禄对此做了长篇批示，称之为"天灾之外的人祸"。河南省档案馆，至今存有他当年手稿："……这样的坏党员在群众生活严重困难的情况下，贪污盗窃发了大财……不立即严肃处理，绳以党纪国法，是不能挽回影响的，不能平民愤的……"

第二，警钟长鸣。在严厉查处以权谋私行为的同时，焦裕禄在各种场合，又频频向干部敲响警钟，以期防患于未然。

如前所述，1963年春节前，他亲自起草的《干部十不准》在兰考党政部门引起强烈反响。春节刚过，从正月初十开始，兰考政坛更是春雷滚滚，几乎每天都震荡着他的反腐强音。

2月3日（大年初十），焦裕禄在县委扩大会上告诫干部："执政党搞不好，就会亡党亡国。"党员"贪污多占，不深入群众，高高在上，这就是变质"。❷

2月5日，他在《各区团委书记座谈会纪要》上批示："各级干部特别是领导干部，要做人民的勤务员，不做人民的'老爷'。"❸

2月13日，在城关区，焦裕禄要求："分社分组""座谈访问，

---

❶❷❸ 周长安等：《焦裕禄在兰考的475天》，中州古籍出版社2014年版，第58、40、43页。

查对账面""重点查处统销粮的发放是否违规，干部是否多占。"❶

2月14日，在张君墓区针对救济粮的发放，提出"让群众评议，审查无误后，张榜公布。坚决杜绝违法乱纪行为"。❷

2月15日，焦裕禄在东半县各区生产救灾会强调，要认真执行"三大纪律、八项注意"。❸

3月5日，焦裕禄在县委监察会议上强调：对"贪污盗窃""侵占公物""腐化堕落""道德败坏"等"违法乱纪的党员要下决心处理，决不心慈手软"。❹

总之，随着焦裕禄掀起的一波又一波廉政冲击波，兰考的各级党政干部无不开始认真思考：春天来了，该怎么做，做些什么。

第三，挽救干部。人非圣贤，孰能无过。尤其在领导干部作风不正的情况下，基层干部一时糊涂，难免误入歧途。

然而，千军易得，一将难求。对一些能力强，有魄力，在群众中有一定基础的干部，在严厉纠风过程中，焦裕禄也非常重视对干部的保护和挽救。

例如，1963年4月，群众举报：张君墓公社党委副书记王遂安利用职权，把家属安排在生产队，参与生产队分配。同时，反映他享乐主义严重——"吃饭让人端，骑马让人牵，过河让人背"。

经核查问题属实。但是如何处理，县委会发生严重分歧。多数委员主张处分撤职弃用。但是，焦裕禄根据这位同志错误的性质，同时也考虑抗灾用人之际，而这位同志也痛悔挥泪，表达了改过自新的决心，遂决定派他到灾害最严重的赵垛楼去蹲点。临行前，焦裕禄亲自与他谈话，鼓励他洗心革面。

事实证明，焦裕禄的办法是成功的。正是这位同志，在1963年

---

❶❷❸❹ 周长安等：《焦裕禄在兰考的475天》，中州古籍出版社2014年版，第45、46、47、55页。

5月赵垛楼特大水灾中，表现非常出色。为帮助群众渡过难关，他主动提出卖掉自己的自行车，与村民们一起水里爬，泥里滚，领导大家挖通了河渠，并用河泥封住了危害农田多年的沙丘，一举治愈内涝与流沙，使七年连续重灾的赵垛楼大队一季翻身，一跃而为全县瞩目的余粮队，成为焦裕禄在兰考树立的四面红旗之一。❶

作风正，则威信立。兰考人民群众的发动，为患千百年的"三害"被摆平，这些与焦裕禄带出的一支廉洁干部队伍直接相关。

三、科学求实

"干部不领，水牛掉井"。干部队伍作风正派，群众信赖，仅仅是发挥领导作用的前提。但是，干部怎么领？这支队伍如何发挥作用，责任更其重大。兰考灾情严重，民众嗷嗷待哺，救灾如救火，任何引领的失误，都可能使本已身陷绝境的灾民雪上加霜，乃至付出生命的代价。所以，必须确保我们的领导是科学的，是实事求是的。

为此，焦裕禄对干部提出两点要求：

1. 走出办公室

焦裕禄反对单纯坐在办公室听汇报，反对拍脑袋决策。他主张科学求实，即通过实践获得第一手资料。

毛泽东说过，"没调查，就没有发言权"。焦裕禄则引导大家逆向思考：我们的干部"每天都在指挥生产，每天都在发言，不调查能行吗？"

毛泽东反对一味坐办公室听汇报，他说过，"你要想知道梨子的

---

❶ 焦裕禄干部学院：《永恒的丰碑——焦裕禄的故事》，大象出版社2014年版，第54、55页。

滋味，必须亲口尝一尝。"焦裕禄也反对单纯坐办公室听汇报，说："吃别人嚼过的馍没味道。"很明显，前者"梨"和后者"馍"之间，存在着传承关系。

焦裕禄正是吃透了毛泽东的"梨"，消化了那"梨"，将"梨"融入自己的思想血液，才能脱口而幻化出他经典的"馍"！他的这一命题，与毛泽东的论断无一字重复，是以全新的语言，表达"实践第一"的哲学理念。

不仅如此，这一命题独具的魅力，还在于其语言上的形象思维。他将"第二手资料"表述为"别人嚼过又吐出来的食物"，使人联想到经过别人口腔的搅拌，事物的原味必然失真的常识，从而对坐在办公室听汇报的工作方式产生反感。

这样，一边是别人嚼过的馍，坐办公室听汇报得到；一边是自己蒸熟的馍，从实践中获取。孰优孰劣，何去何从，干部们自会选择。

科学地讲，任何第二手的资料，都必然包含了资料搜集人自身的主观因素。他的嗜好、能力、立场、观点都会自觉或不自觉地反映在材料中。即使汇报者主观上是真诚的、努力的，但是很多客观因素难以避免。

第一，他调查的选点，未必精准。

第二，他的观察未必客观。

第三，他汇报的材料经过了自己的初选，也许他所忽略的细节，恰恰是真正的重点。

第四，任何间接的描述，无论文字还是图片，都无法达到直接观察的效果。

所以，"吃别人嚼过的馍没味道"。调查研究的最高境界，是走出办公室，直接融入生产实践中求取真知。

焦裕禄这种"土得掉渣"的表达，对于兰考的基层干部和群众而言，更容易听懂，体会更深，印象更真切。所以，称焦裕禄是毛主席的好学生，的确实至名归。

走出办公室，在实践中求取真知。焦裕禄正是这么做的。《焦裕禄在兰考的475天》一书，实际上是根据焦裕禄在兰考的工作日志整理而来，这本书中的焦裕禄，几乎每一天都是风尘仆仆，奔波在风沙、暴雨、田间、地头。习近平曾说过，当县委书记要走遍全县村庄，当地市委书记要走遍地市乡镇，当省委书记要走遍各县市区。焦裕禄在兰考短短一年零三个月，已经走访了全县140多个大队中的120多个，全县90%的百姓都亲眼目睹过他的身影。他迎着风沙，一步一步溯及风沙的源头，指挥大家在风口种树；他顶着暴雨，在激流中绘制洪水流向图，规划河渠；他甚至亲口品尝盐碱滩泥土的味道，思考治碱方案……

走出办公室，是焦裕禄对全县干部的硬性要求。据除三害办公室的同志回忆：办公室初创时期，桌椅不全。有同志希望解决，引出焦裕禄一段话："如果没有艰苦奋斗的思想，就是每人配一套金桌子、银桌子，还是治不住'三害'。咱这个办公室凳子少，正好！可以促使咱往下跑，越跑和群众感情越深。""没安电话也正好，可以促使咱直接到群众里面摸情况，越摸办法越多。""咱这个办公室的同志可不能娇气呀！要做到：毛著（毛泽东的著作）随身带，跬脚就能跑，张口就能说，提笔就能写，赖饭吃得下，地铺睡得甜。"[1]

2. 做"三同"干部

1963年8月12日，焦裕禄在公社书记会议上讲话，教育干部走群众路线，带头深入实际查找问题。正是他的这次讲话，不经意间

---

[1] 焦裕禄干部学院：《永恒的丰碑——焦裕禄的故事》，大象出版社2014年版，第83页。

迸出了一句极富哲理的思想火花——"蹲下来才能看到蚂蚁!"❶ 这一命题,在兰考政坛引起了强烈的共鸣。

如何"蹲"下去?焦裕禄提出了"三同"概念,即要求干部发扬土改时的优良作风,认真深入到群众每家每户,与群众同吃、同住、同劳动。促使干部与群众"融和",在群众中获取真知。❷

同住:要求干部自带被褥与农民住宿在一起。

通常,人在睡觉的时候,心情轻松而闲适,彼此聊天、谈心,往往能进入最佳境界。但是,"同住"最大的难点是扰民。农民的私宅,干部不宜轻易入住。那样,既会造成农家生活的不便,也不利于干部工作的开展。

为此,焦裕禄直接限定:"深入牛屋"。

农村公房有三种:一为仓库,属经济重地,不宜轻易入住;二为队部、办公室,属乡村公共事务管理场所,入住则影响公务,而且农民在队部说话,一般都比较拘谨,很难谈得深入;三为牛屋,养牲畜的地方,也称饲养棚,是农村最"草根"的公共场所,当属干部与群众同住的最佳之处。

首先,它是公房,无论是谁,想来就来,想走就走;其次,这是养牲畜的地方,大型牲畜的挪动、喘息、咀嚼声响不绝于耳,在这样的环境中,人的心情最放松,无话不谈。所以,乡村牛屋,往往人气最旺,大家稍有闲暇,总喜欢到牛屋侃大山、聊天,而且,多数是"群聊"。聊至夜深人乏,将饲草直接摊开,倒头便睡。

牛屋,堪称农村的"草根会议室",在那里可以听到基层最真实的声音,可以结识到最真诚的农民朋友。

身为县委书记的焦裕禄,乡情稔熟,一语中的,指出牛屋这一干部深入群众的绝佳住处,并非偶然。犹如神农氏尝百草,焦裕禄

---

❶❷ 周长安等:《焦裕禄在兰考的475天》,中州古籍出版社2014年版,第103、17页。

牛屋，乡村的"草根会议室"

无论做什么，总是自己先做足了功课。同他把县委常委们带到火车站这一"灾难信息中心"一样，他总是走在大家的前面。焦裕禄的工作日志显示：他到兰考的第三天，就走进了老韩陵村的牛屋，并与农民饲养员萧位芬同住地铺，结下深厚友谊。兰考治灾标志性的战略——"泡桐"，他正是采纳的萧位芬的建议。❶

同吃：要求干部吃农家饭，与农民吃在一起。

计划经济时代，农村没有饭店。干部下乡，必须自带粮票和菜金，在农民家搭伙就餐。焦裕禄提出，干部与农民同吃，要深入"饭场"。

过去，中原农村有一种质朴的民风。每吃饭，大家总爱端着饭碗出来，三五成群，或背靠大树，或蹲踞砖石之上，边吃边聊。久之，街头、树下，一些稍宽敞的地方，就自然形成了一些相对稳定的"饭场"。有时村民为觅"饭友"，甚至端着饭碗跑半条街。

吃饭，通常也是最轻松、愉快的时刻，诸如家长里短、街舆乡情，生产救灾等，都会成为饭场谈资。

---

❶ 周长安等：《焦裕禄在兰考的475天》，中州古籍出版社2014年版，第13、14页。

第四章　缔造抗灾干部

显然，在焦裕禄看来，吃饭不是目的，只是一种媒介；通过"饭场"深入群众，听真想法，了解真情况，与农民交朋友才是干部的追求。

深入饭场，必须吃农家饭。只有吃农家饭，才能了解群众的疾苦，也才能真正与群众打成一片。

有位干部下乡自己开小灶，不吃农家饭，认为农家粗粮瓜菜吃不饱，还给群众添麻烦。焦裕禄发现后，严厉批评这位干部说："你想了没有，啥叫与群众同甘共苦？群众能吃的饭，咱为啥不能吃？你这样做就是找借口、图享受，这是忘本。你不吃贫下中农的饭，咋知道他们的疾苦？你不去农民家里吃住，咋能了解到很多真实的情况？这样下去不得了。不刹住这股歪风，我们还谈什么为党工作，还怎样为人民谋福利？"

焦裕禄不仅严肃批评了这位干部，并以此为契机，给县社干部下乡立下一条规矩：吃住必须和群众在一起。❶

焦裕禄身患胃病，从不搞特殊。据兰考葡萄架村大队会计孙世忠回忆，焦裕禄曾连续三个月住在县葡萄架村大队调查情况，无论在谁家吃饭，每天都会交一斤二两的粮票和四毛钱作为伙食费，"赶上老百姓家里有啥就吃啥，好的时候能吃到馍，有时候就吃萝卜缨子、木薯干什么的"。

1963年2月1日，焦裕禄一行查证土山寨村贫穷的原因，在农民曹玉英家吃饭。他们交出钱和粮票，可是曹玉英家没有粮食，只能同吃蒸红薯叶。当晚，焦裕禄胃疼，随同下乡的县委秘书李忠修给他买来两个烧饼。焦裕禄严厉批评："群众能吃的饭，咱也能吃；群众能过的日子，咱也能过。"他当场喊来农家孩子，将烧饼分给他们。

---

❶ 焦裕禄干部学院：《永恒的丰碑——焦裕禄的故事》，大象出版社2014年版，第82页。

2月12日,在城关区检查救灾时,焦裕禄在新韩陵小学吃饭。校长安排食堂给炒了几个鸡蛋,焦裕禄见教师们吃的是红薯粉,坚决把鸡蛋退回,要了半碗红薯粉,到"饭场"和教师们边吃边聊,其乐融融。

干部和群众吃同样的饭,自然能聊到一起。倘若书记吃鸡蛋,教师吃红薯粉,必然尴尬。

同劳动: 焦裕禄到兰考之后,将干部参加劳动制度化。

规定领导干部每年必须安排一定的时间到农村蹲点,直接参加生产劳动。而且,书记、县长带头,选最穷的地方。直到今天,当地百姓仍印象深刻。焦裕禄蹲点在老韩陵,张钦礼蹲点在张庄。

焦裕禄并给自己立下规矩,将生产劳动作为日常生活的重要内容。下乡时就地劳动;在机关值班时,就近劳动。不论是治理"三害",还是林农种植,他走到哪里干到哪里。群众口耳相传,都称焦裕禄是"跟咱一样的庄户人"。

干部参加劳动,一方面能塑造干部正确的劳动观念,使干部们从思想、感情上贴近劳动人民,防止由于长期坐办公室,产生脱离群众的官僚主义作风。另一方面,也是希望干部通过直接参加生产活动,随时发现和解决抗灾生产中的问题。

例如,焦裕禄下乡,经常扛着铁锹。那时,没有"洛阳铲"式的勘探工具,为查清兰考的土质状况,掌握第一手材料,焦裕禄每到盐碱滩、沙荒,总要用铁锹挖一挖,查看下面土壤成分。1962年4月15日,焦裕禄和县委办公室的同志张思义,从许贡庄到韩村,每走十几步就挖一个坑,一直挖了4里多,终于发现韩村西南的沙荒2尺以下是淤土,约30余亩。焦裕禄立即召集韩村干部,组织垦荒,并及时播种了玉米。之后,韩村人又扩大战果,用同样的方法

连续勘察出700多亩荒地。❶

1963年10月28日,焦裕禄一行来到堌阳公社范场、牛场、李场检查秋收,看到群众正在收红薯,便放下自行车参加劳动。结果,竟在牛场12队收过的一分红薯地里,复收出红薯40斤。焦裕禄当场批评生产队干部:"你们好好算一算,1分地丢掉40斤,你们种了71亩,就丢掉28 400斤,每人平均180斤,丢在地下太可惜了!"

10月29日,焦裕禄又从李场到卞寨、宋营、秦寨等地参加劳动,同样发现红薯收不净的问题。焦裕禄随即指令公社干部:"红薯丰产了并不等于丰收,要发动群众认真复收。"同时,从堌阳向县委打电话,通报情况。县委按照焦裕禄的电话精神,迅即向全县发出了《关于堌阳公社李场大队牛场12生产队收刨红薯中严重丢失浪费的通报》,要求全县引以为戒,做好复收工作,确保颗粒归仓。❷

干部参加劳动,及时发现问题,避免了损失。

当年兰考县委规定干部参加劳动

---

❶ 焦裕禄干部学院:《永恒的丰碑——焦裕禄的故事》,大象出版社2014年版,第117页。
❷ 周长安等:《焦裕禄在兰考的475天》,中州古籍出版社2014年版,第129、130页。

有道是"春江水暖鸭先知"——兰考灾害深重,群众身在其中,感受最真切。但是,群众的感觉,干部如何知道?焦裕禄的办法是:干部与群众"三同"——"同吃、同住、同劳动"。如此一来,群众是鸭,干部就成了鹅。干部与群众感同身受,自然就有了共同语言。

这样的干部,还须坐在办公室听汇报吗?正如毛泽东所说,干部"既当官,又当老百姓",长此下去,百姓就不把干部当外人。

所以,直到今天,兰考当年的老农民提及焦裕禄,还是"老焦"长"老焦"短地诉说。在他们印象中,他不是书记,也不是什么"官",是朋友,是哥们儿。群众视干部如同兄弟,干部说话群众就会听,就会做,干部也就有了执行力。

执政党的干部,最大的危险是脱离群众。因为:第一,干部掌握着权力和资源,孤芳自赏,忽略或轻视群众的创造性和力量。第二,干部长期坐办公室,与群众形成隔阂,不了解群众的想法,造成感情的疏远。第三,干部生活的优裕,忘记了群众的疾苦,丧失了艰苦奋斗的意志。

焦裕禄提出的"三同",恰恰抵消了上述三方面执政的负面效应,为执政党建设摸索出了一套行之有效的途径。

干部下乡考察均自带被褥

第五章　发动群众

改造兰考，群众是主力军。没有群众的参与，干部将一事无成。所以，干部的关键作用，最终还是体现在能不能将群众调动起来。为发动群众，焦裕禄采取了"五个驱动"。

一、精神驱动

焦裕禄的名言——"榜样的力量是无穷的"。

有人说，此语发源于列宁，可是，我没有查到列宁说过这样的原话，他说过"榜样有可能表现广大的影响"；有人说发源于画家威·亚历山大，可他说的是"命令只能指挥人，榜样却能吸引人"；有人说是作家罗·阿谢姆的名言，可此人原话是"一个榜样胜过书上二十条教诲"……中国传统文化也屡屡述及榜样的力量，诸如"身教重于言传""近墨者黑，近朱者赤""点亮一盏灯，照亮一大片"等。总之，关于榜样的力量，名人名言很多。但是，"榜样的力量是无穷的"，却是兰考妇孺皆知的"焦裕禄名言"。

群众，有跟风、从众的特点。抗灾，必须有人走在前面。抑或个体，抑或群体，他们是广大群众的精神标杆，是率先垂范的榜样。

焦裕禄在兰考树立了许许多多的平民英雄，是最成功的"榜样工程师"，其作为呈现出三大特点。

1. 沙里淘金

焦裕禄坚信，人民群众是真正的英雄，群众中蕴藏着无穷无尽的智慧和力量。因此，在兰考期间，犹如沙里淘金，他的眼睛始终盯着兰考36万人民。

例如，焦裕禄1962年12月到兰考。1963年1月，春节刚过，他就在全县电话会议上布置工作时提出大检查，要求各区将查处的好、坏典型及时上报，❶ 并号召全县大发动、大评比，大张旗鼓地抓典型。

在此，我们摘录一组焦裕禄的工作日志，时间是1963年3月：

3月5日，在全县监察工作会议上，焦裕禄提出"大张旗鼓宣传党员中的好人好事，树立学习典范"。

3月6日，在全县林业会议上，焦裕禄表彰了一批林业先进社、队和个人。

3月8日，焦裕禄到白楼公社，发现该社大规模造林运动出类拔萃，1个月后，白楼公社成为焦裕禄树立的全县造林典型。

3月上旬，在焦裕禄建议下，县妇联召开妇女群英会，全县300余人参加。焦裕禄在会上为妇女树了4个样板：一是热爱集体，大公无私，积极参加劳动的赵垛楼大队妇女孔令改；二是发扬共产主义风格，积极支援灾区的蔡楼妇联主任岳永琴；三是深入群众，联系群众的魏庄大队妇联主任崔秀琴；四是响应党的号召，带头奔赴农业第一线的回乡知识青年徐月娥。焦裕禄号召全县妇女，向这4个样板学习，积极投入到除"三害"的斗争中去。

3月12日，焦裕禄在程场公社第一生产队，亲自组织群众制定"三年生产规划"，并将其"规划"向全县通报。焦裕禄在通报中要

---

❶ 周长安等：《焦裕禄在兰考的475天》，中州古籍出版社2014年版，第48页。

求：各公社"发动群众,做出样板""抓住典型,召开现场会"。

3月15日,在赵垛楼,焦裕禄发现老饲养员刘宗行喂的七头牲畜又肥又壮……立即将其模范事迹向全县宣传,号召向刘宗行学习。

赵垛楼的老饲养员刘宗行,是焦裕禄到兰考以后,向全县推荐的第一个贫农英雄。1963年,赵垛楼灾情严重,村里一部分人逃荒外流,把集体的七头牲口都撇给了他。一无草,二无料,为这七头牲口,刘宗行全家八口人,每天出去拣树叶、挖草根。冬天,冻土坚硬,茅草根非常难挖,刘宗行的二女儿累得吐血。他的三儿子腿脚残疾,也天天趴在地上给牲口拔草。家里仅有的150多斤红薯干,刘宗行每天抓一把喂牲口,等到他老伴发觉的时候,已经喂完了。春天,青黄不接,牲口草没有了,刘宗行把一亩自留地里的好麦苗也全割下来喂了牲口。结果,七头牲口都保存了下来。

得知刘宗行的事迹,焦裕禄亲自来到他的饲养棚,请他介绍经验。刘宗行实打实地说,焦裕禄含眼泪听,后来又介绍刘宗行到全县大会做报告。后来,他们成了朋友。刘宗行每次到县上来总要去看看焦裕禄。他说:"只要能见见他,听他说说话,就觉得心上有劲。"有一次县上奖励劳模,焦裕禄问刘宗行想要什么?刘宗行说:"你给我一身皮袄,我也不稀罕;给我一辆架子车让我拉肥垫圈吧!"

短短十天之内,焦裕禄六谈典型。从农业到林业,从干部到群众,从全县大会到农村饲养棚,时而呼吁各单位大张旗鼓,时而在考察中慧眼识珠。总之,无论走到哪里,口必称典型,志须臾不移,犹如一个执著的淘金者,勤勤恳恳,在茫茫沙海中寻觅闪光的结晶,弘扬社会正能量。

1963年兰考县劳动模范大会表彰的先进单位和个人,高达685个。❶

---

❶ 周长安等:《焦裕禄在兰考的475天》,中州古籍出版社2014年版,第108页。

节衣缩食，用全家口粮喂生产队牲口的刘宗行

2. 常抓不懈

在许多单位，"榜样"工作处在边缘位置。上面来了指标，下面报个人头。似乎"评优"就是一件私事，一个待遇，与日常工作无关紧要。这是严重弱化"榜样"工作的意义。对此，焦裕禄思路非常清晰，概要有三。

抓工作，重在典型。任何规划，仅仅是一个设想。设想再好，总要有践行者来证明。一个行动，胜过一打纲领。而走在最前面的践行者，先进的典型，就是榜样。

焦裕禄常说，"榜样的力量是无穷的"。因为：相对抽象的"规划"而言，榜样是具体的，有实实在在的事；相对纸上的"规划"，榜样是人，活生生的在做；规划是设想，是空的，榜样却做给你看，把鲜活的事实摆在你的眼前。因此，从这一意义看：规划是剧本，榜样则是演员。通过演员，把剧本搬上舞台，才能产生强大的感染力。

第五章　发动群众

因此，焦裕禄将发现典型、树立榜样，视为开展工作的重要环节，要求各公社必须定期向县委"报喜""报忧"，而且指定公社第一、第二把手亲自抓，报送一两个最突出的好、坏典型。

有的领导干部忽略"榜样"的意义，仅仅把这项工作视为对"典型"的奖励和待遇，认为可有可无。其实，这是把"榜样"工作庸俗化的表现。焦裕禄认为，"榜样"工作是领导干部必须掌握的一种重要工作方法。他指出："我们抓工作，就是要抓典型，带一般，抓两头，带中间""如果不抓典型，不抓重点，而是'撒胡椒面''抹万金油'，就会造成'老和尚的帽子——平铺塌'。我们要学会用正反两方面的典型，来教育群众，推动工作。"❶

正是根据这种思路，焦裕禄在兰考期间，不仅每时每刻、随时随地都在发现和关注着"榜样"，而且总是采取一切方法扩大"榜样"的影响力！

例如，1963年8月27日至9月1日，在焦裕禄主持下，兰考县召开了有史以来第一次全县劳模大会。这次大会表彰的先进单位和先进英模人物多达685个，几乎覆盖了全县所有社队和部门。焦裕禄亲自为他们鸣锣开道，热情洋溢地将各路英模人物推到台前，号召全县向他们学习。紧接着，赵垛楼、秦寨、黄口、韩村、韩陵、许贡庄、胡集、金营、南马庄、张庄、霍寨等大队和生产队先后介绍了战胜灾荒的经验。下午，焦裕禄又趁热打铁，主持召开"扭转困难局面，彻底改变兰考面貌的誓师大会"。

这次盛会，极大地振奋了人心，鼓舞了士气，产生了空前的轰动效应，广泛传播了艰苦奋斗的先进经验，将全县抗灾生产推向了高潮。

抓典型，重在事迹。从形式看，抓典型，就是实施表彰和奖励。

---

❶ 焦裕禄干部学院：《永恒的丰碑——焦裕禄的故事》，大象出版社2014年版，第118页。

但是，表彰和奖励不是目的，目的是通过表彰和奖励，引领群众跟进。因此，典型人物的先进事迹，是这项工作的核心。

所以，今天我们逐一考察当年兰考县的英模人物，无一例是个人填表申请、申报，也无一例是通过评选、投票所产生。其产生的途径基本有两个渠道。

一是领导考察发现。例如，当年兰考植树造林经常遭猪、羊毁坏，但老韩陵村泡桐却特别茂盛。焦裕禄考察中发现林间有一座草棚，经了解，原来是张根群、张根田、张根纯三位十五六岁的青年为昼夜护林所建。有感于青年人热爱集体的奉献精神，焦裕禄当场命名三位护林员为"护林小英雄"。

焦裕禄树起的三位护林小英雄

二是群众口耳相传。例如，模范饲养员刘宗行的感人事迹，最初就是在群众中广泛流传，后来引起焦裕禄的重视。而后焦裕禄又进一步深入了解，引导其介绍经验。

但是，无论来自什么途径，焦裕禄在兰考所树的每一位英模人物，都是先从典型事迹切入，而后溯及人物。

例如，先进单位仪封公社东二里寨生产队，是焦裕禄从一篇报道中发现的线索。可是，仪封公社书记却认为，该生产队不能算典型。在一次公社书记会议上，焦裕禄指出，报道称该生产队"副业收入多，群众情绪高""这样的生产队不算典型，什么样的生产队算典型？"

该公社书记辩称："只这一个生产队搞得好，其他都不行！这个生产队没有代表性。"

焦裕禄当场指令公社书记，亲自为该生产队总结事迹材料。并循循善诱地指出："如果你把这个典型的经验总结一下，树为标兵，后进队就有榜样可学，就有目标可赶，就能促使后进队向好的方向转化。"❶

领导干部亲自为"典型"总结经验，堪称焦裕禄在"榜样工作"中的创造性思维。其必要性有两点。

其一，许多"典型"，尤其在农村，由于其文化水准所限，虽然事迹突出，却不善言辞。倘若无外界文化力量的介入，其宝贵的经验就有可能白白流失。

其二，"典型"的经验，往往是多方面的。如何筛选，孰重孰轻？由于领导干部居于通观全局的地位，站得高，看得远，对工作所需稔熟于心，更能够驾轻就熟，突出重点。

搞奖励，围绕生产。抓典型的目的不是奖励。但是，奖励却在"榜样工作"中不可或缺。因为适当的奖励，体现着主流社会对"典型"的态度。给予一定的物质鼓励，一方面可鼓舞获奖者再接再厉，另一方面也是对一般群众的激励。

但是，如何进行物质奖励？在这方面，焦裕禄的主题观念非常

---

❶ 焦裕禄干部学院：《永恒的丰碑——焦裕禄的故事》，大象出版社2014年版，第117页。

明确。

例如,1963年9月1日,给全县几十个先进单位和几百名劳动模范的奖励,焦裕禄提出的"奖励原则"是:奖励生产用品,不奖生活用品;奖品不要千篇一律,需要什么奖励什么。

根据上述原则,大会向劳动模范奖励架子车、铁锹、木叉等生产工具600多件,农药28 000斤,甚至还有种畜、母猪等。❶

毛泽东说过:"世界上怕就怕认真二字,共产党就最讲认真。"❷当年,兰考很贫穷,物资极其缺乏。可是,我们做事竟认真到如此地步,物尽其用,每一分钱都精打细算,运用于抗灾生产。所以,焦裕禄在兰考短期内能成功,绝非偶然。

联想到今天的奖励,无论奖励谁,无论奖励什么事,尤其是对运动员的奖励,动辄是十万、百万,一律是金钱。好像离开了金钱,就无法表达我们的心情!奖励成了报酬,成了工资,已完全失去其应有的功能。试想,一个足球运动员,一旦成了百万富翁、千万富翁,他还有必要奋不顾身踢球么?

3. 魅力无穷

榜样的魅力,在于真实。焦裕禄时代,兰考所树的榜样,个个货真价实,大家心服口服。其中,最为著名的,是焦裕禄树立的"四面红旗":韩村的精神,秦寨的决心,赵垛楼的干劲,双杨树的道路。

韩村的精神:韩村位于兰考县城西南部,距县城约5公里,属于城关乡。当年,自然条件极其恶劣,内涝、风沙、盐碱,三害俱全。新中国成立前,该村曾因穷极无奈而抗捐抢粮,全村25户,24

---

❶ 周长安等:《焦裕禄在兰考的475天》,中州古籍出版社2014年版,第109页。
❷ 《毛泽东文集》第七卷,人民出版社1999年版,第446页。

户坐牢！新中国成立后灾情频仍，不少村民都靠逃荒要饭维持生计。

1962年秋，韩村遭遇毁灭性的涝灾。因该村地势低洼，连日大雨后，田间积水一尺多深，庄稼全被淹死。当年年底，韩村每个人口仅分得12两高粱穗（农村的小两，16两为一斤），是全县公认最穷的村。

为领导村民共渡难关，焦裕禄多次到该村蹲点，找干部、访群众，了解灾情，征求对策，并组织村民开会，亲自讲话发动群众。

该村村民人穷志高，将政府发来的救济粮、救济款全部退回，说"人人都有两只手，不给政府添负担"。他们发现，水淹地里，毛根草和芦苇非常茂盛。冬天水退了，全村割荒草，卖给安徽做饲料。为割荒草，韩村人甚至还发明了一种叫"胡转刀"的工具，颇似欧洲的长柄镰刀，一个冬天，家家都割出小山似的草垛，全村共卖荒草27万斤。据老年人回忆，焦裕禄还曾亲自挥动"胡转刀"，与大家共同奋斗。

1962年年底，颗粒无收的韩村村民割荒草出售

正是靠这些草，韩村不仅解决了全村的生活问题，还购买了6辆架子车，11头牲口，开垦700亩耕地，人口无一外流，战胜了困难，搞好了生产。大家高兴地说，"摇钱树，到处有，全靠一双勤劳手"。韩村成为焦裕禄在兰考树起的第一面艰苦奋斗的"红旗"。

秦寨的决心：秦寨村位于兰考县北部，距县城22公里，属堌阳镇。因为村民饿着肚子深翻土地，不屈不挠，锲而不舍地将千亩盐碱地改造成良田的事迹，被焦裕禄树为"红旗村"。

1963年，秦寨的盐碱非常严重，春天，地里白花花一层，风一刮，盐碱土遍地起舞，庄稼都被"碱死"，劳力外出讨饭，村里只剩下老弱病残。

"地再孬，是自己的地，不能眼看着它年年没有收成。"1963年夏，一场大雨后，支部书记就带领村民到地里翻土。先把地表的盐碱刮到一旁，然后往下挖，有的地方挖2米深才有好淤土。将淤土扔到上面，再把盐碱土埋到坑里。

一天，焦裕禄骑自行车经过，询问村民："饭都吃不饱，你们还在这挖个啥？"村民说："今年吃不饱，挖出好土种上庄稼，来年就能吃饱。"焦裕禄了解到村民是在治理盐碱，很高兴，放下车子，帮着村民挖。

当时，村民干一阵子，因体力不支，就要坐在地上喘粗气。焦裕禄问："地这么难翻，要翻到啥时候？"村民说："不能干一天就干半天，不能翻一锨就翻半锨。无论多慢，我们就是用嘴啃，也要把这1 000亩地啃一遍！"焦裕禄眼睛一亮，对这句话非常赞赏。就是这句话，显示了秦寨的决心。后来，焦裕禄把秦寨树为"决心大"的一面红旗。

赵垛楼的干劲：张君墓公社赵垛楼村，原是个低洼易涝、遇雨成灾、风起沙飞、人穷畜少的老灾区。焦裕禄去之前，连续七季绝收，群众吃粮靠统销、穿衣靠救济、花钱靠借贷。

1963年夏，在暴雨成灾，一片汪洋的情况下，焦裕禄来到赵垛楼，直接指导大家冒着倾盆大雨，挖河排涝，一个夏天建成排水体系。之后，无论大雨小雨，水排得一干二净，连赵垛楼农民自己都惊讶，说苦守着这块地这么多年，过去怎么不知道干呢？

就是这年秋天，他们遭遇一连9天的大暴雨，却取得破天荒的丰收，卖余粮8万斤。过去的赵垛楼，根本不知余粮为何物。

此后一年多的时间，赵垛楼人抓住治涝"死不丢"，连续奋斗，共开挖大小沟渠475条。在一些涝洼地，修建320亩良田，基本解除了涝灾的威胁。

涝灾解除之后，赵垛楼人再接再厉，又经过一个冬春的苦干，用淤泥封闭了全大队的26个沙丘，随后又在这些沙丘地上栽下了行行树林和丛丛腊条，栽得赵垛楼郁郁葱葱。

焦裕禄认为，赵垛楼由"吃粮靠统销、穿衣靠救济、花钱靠借贷"的"三靠"重灾村，一举扭转困难局面而成余粮村，非常难得，对赵垛楼的干劲极为推崇。

双杨树的道路：双杨树村位于兰考县东部，离当时的县城约5公里，属今兰考县红庙镇。1962年，该大队各类农作物基本绝收，牲口死亡，农具短缺，困难重重，甚至连种子都凑不够。村民们情绪低落。

关键时刻，大队党支部要求大家学习毛泽东思想，团结起来，依靠集体的力量，战胜困难。

通过学习，村民们纷纷表示："穷，咱穷到一块；富，咱富到一起。"这年秋天，他们兑钱、兑鸡蛋，买种子，买牲口。为解决生产资金问题，党员、干部带头，连捐带借，筹措资金和物资折款1 800多元。村民程景伦把仅有的20元捐献给集体。4户社员在极其饥饿的情况下，把家中储备的700斤小麦捐出来做种子。[1]

---

[1] 焦裕禄干部学院：《永恒的丰碑——焦裕禄的故事》，大象出版社2004年版，第109页。

事实证明，这种穷帮穷、人助人、团结奋斗的力量是巨大的。在那个困难时期，他们的分文之聚为队里买了7头牲口、1 500斤麦子，大家齐心协力，很快完成了播种，同时也播下了团结互助精神的希望。

焦裕禄发现这个典型后，给县委写报告说："双杨树社员坚持的道路，就是社会主义道路。"

焦裕禄"榜样"工作的两点启示：

第一，真红旗要确保不倒。选榜样必须慎重，要选出真正的榜样。一旦选定，由于那是一面真正的旗帜，影响巨大，必须时时关注，确保红旗不倒。

例如，1963年秋季，赵垛楼之所以连续7季重灾，仍获丰收，成余粮队，与国家支援直接相关。这年8月，焦裕禄和李忠修带着行李，来到赵垛楼大队，先后走访了17个生产队，认为必须以经济实力援助赵垛楼。

首先，困难超过了其承受能力。这个大队底子薄，生产工具严重缺失。如果不及时准备工具，秋收要误事。焦裕禄给他们算了一笔账：比如，回回营生产队种了220亩大豆，大豆采收，一车拉一亩半，最少要拉180车。而这个队只有一辆架子车，若一天拉4趟，得拉50天。装车需要木杈，有的生产队只有一根木杈。根据实际情况，焦裕禄与张君墓公社负责同志商量，用长期贷款买50辆架子车、两辆马车、100根木杈，使赵垛楼顺利完成秋收。❶

其次，赵垛楼非常顽强。在严重困难下，响应抗灾号召，秋庄稼被风沙打死，再种，连续三次才保住苗。焦裕禄了解到，这年赵垛楼的庄稼是1958年以来最好的一年。估产每人要合350多斤粮食。全大队以前外流1 400人，现在已回来1 348人。这个大队既抓

---

❶ 周长安等：《焦裕禄在兰考的475天》，中州古籍出版社2014年版，第106页。

了农业生产,又发展了多种经营:种白蜡条490亩,已长2尺多高,初步能够防风固沙;坑塘河道种苇子200亩,晒甘草20万斤,购买繁殖大牲畜8头。❶

这样的典型,必须铁保,支持他们战胜灾害。赵垛楼胜利,大家都有干劲;赵垛楼失败,大家都心寒。

从1962年9月到1963年8月,政府给赵垛楼大队发放统销粮36万斤,贷款34万元,保证了人民生活和种地用的种子。❷

第二,穷榜样最有说服力。焦裕禄在兰考所树的红旗,有一个共同的特点,那就是:他们都是一些最穷、最困难的村。

例如,焦裕禄发动全县的农民,首选韩村。如前所述,韩村是全县公认最穷的村。1962年年终分配,人均12两高粱穗。焦裕禄的逻辑,如果最穷的韩村能够翻身,全县谁还能说个"不"字?

可是,如何发动韩村,没有比韩村更穷的了,焦裕禄选择了"小鸡"。他到韩村这么讲话:"来的路上,我看见一只小鸡在地上挠食。我想,鸡有两个爪,尚且饿不死。人有两只手,难道连鸡爪子都不如?"一句话,焦裕禄点醒了全县最穷的韩村!韩村全村割荒草27万斤,卖到安徽做饲料,一个冬天翻身。

春天来了,焦裕禄又以韩村为例,面对全县:"人家韩村那么穷,可以翻身,难道你们就不行?"一句话,焦裕禄又点醒了全县!穷到谷底的韩村,竟能战胜自然灾害,谁还有退缩的理由?

以小鸡发动韩村,以韩村发动全县。小鸡——韩村——全县,多米诺骨牌效应发生。

榜样,从最贫穷的地方树,它的成功,才真正具有说服力。数十年历史证明,焦裕禄在兰考所树的红旗,个个深入人心,经得住考验。这些兰考土生土长的精神图腾,直到今天,仍为当地群众津津乐道。

---

❶❷ 周长安等:《焦裕禄在兰考的475天》,中州古籍出版社2014年版,第105、106页。

二、利益驱动

人民是真正的英雄。可是,英雄也是要吃饭的。仅凭精神的力量,总是有限,必须有相应的物质条件与之匹配。况且,除"三害"挖河、种树、深翻土地,劳动量巨大而持久,兰考人民的生活非常困难。为此,焦裕禄推出"以工代赈"政策。

工,即工酬;赈,即赈济。所谓以工代赈,即:以"工酬"方式取代纯粹的"赈济"方式,解决扶贫救济问题。

从1962年前后的情况看,国家每年投入兰考的救济粮是2 000万斤,救济款约50万元。❶ 实施以工代赈之前,这笔粮款的发放的主要依据是各村的粮食产量,哪里产量低,受灾重,救济哪里。

焦裕禄认为,如此发放救济粮款是脱离实际的。因为国家发放兰考的救济粮款是赈济整个兰考地区的。尽管有的村粮食产量很低,但是,由于村民们外出乞讨,不仅省下了家里的粮食,又能带回一些干粮,他们已经自行解决了自己的生活问题。而留下来坚持抗灾生产的村民,是为改变整个兰考面貌做出了贡献,他们有权利获得相应的劳动报酬。

所谓"以工代赈",就是将"国家救济"与"抗灾生产"挂钩,将国家投入兰考的救济粮、救济款,让当地群众通过参加抗灾生产而获得。用国家发放的救济粮款,对致力于"除三害"的群众给予补贴。

例如,"翻淤压碱"是治理盐碱滩的良策,把1米以下的好土翻到地面,把地表盐碱土压到地下,劳动强度极大。为鼓励和补贴农民,焦裕禄通过集体研究,规定"计量取酬":每翻3米长半米宽,

---

❶ 周长安等:《焦裕禄在兰考的475天》,中州古籍出版社2014年版,第94页。

可以领取半斤高粱。以今天的眼光，半斤高粱不算什么。但是，当年这一政策却极具感召力。农民们说："这是天上掉下来的好事——翻自己的地，政府还给粮食；干好了，一天挣二三斤！""翻淤压沙"不适宜计量，采取"记工取酬"：1天3斤红薯面（购粮证）。

如前所述，兰考群众走上行乞路，完全是出于无奈。只要有一点办法，他们绝不会自取其辱。所以，"以工代赈"政策的实施，使农民们看到了希望，他们捎信逃荒在外的家人。说："又得地，又得粮，比要饭强。"逃荒农民闻讯，纷纷从四面八方回乡，这项政策，被群众形象地喻为"叫人政策"。

据刘俊生回忆，当时，仍有人想外出讨饭，焦裕禄同志说了，你们别去要饭了，你们在家劳动，我去给你要饭，你是小要饭的，我要当个大要饭的。

焦裕禄说到做到，为了救助在饥饿线上挣扎的干部和群众，他甚至一度提出，派人到外地去购买议价粮。那时，国家的粮食统购统销是条红线。如果这么做，他有可能面临严重的政治处分。但焦裕禄斩钉截铁地说："救命要紧，出了问题我一个人扛着。"

最后经过县委常委会讨论后认为，代食品和副食品不受粮食统购统销政策的限制，县里可以买这些给救济群众。据当时的县总工会干部李国庆回忆，就这样，焦裕禄让县供销社组织了148个人的采购队伍、十几辆大卡车，走了8个省，采购了粉条、苜蓿片、红薯干、蚕豆等副食品30多万公斤。

代食品买回后，仍采取以工代赈的办法发放。这样，参加除"三害"的村民，既有国家发的保命粮，又有焦裕禄从外地买回的代食品，生活得到改善。正是这一政策，在很大程度上稳定了人心，解决了人口外流的严重问题。

三、生产驱动

"以工代赈"仅仅是一种财政手段,其本身并不创造财富。它的实施,只是将现有的物资进行更合理的分配。而且,可用于"以工代赈"的粮款毕竟有限。兰考的问题,不仅仅是分配问题,而是生活资料的总体匮乏。为此,焦裕禄在扩大生产方面,开创了一条"多种经营"的道路——提出"以富养农"。

早在1963年1月,焦裕禄刚到兰考不久,就在全县公社以上干部大会上讲话提出:1963年,要在兰考闯出一条新路子,"要以粮为纲,大力发展经济作物。要发展棉花、花生、大枣、苹果、葡萄、百合、藕、鱼、白蜡条。在种植上,要因地制宜,有的以花生为主,有的以棉花为主。让群众有吃、有穿、有钱花。""春节后,各公社都要组织劳动力搞副业,可以组织专业队、专业组,专门搞副业。因地制宜,能搞啥就搞啥,能烧砖就烧砖,能养猪就养猪,有条件的还可以编筐编篓"。❶

兰考农民编柳筐发展副业生产

---

❶ 周长安等:《焦裕禄在兰考的475天》,中州古籍出版社2014年版,第35、36页。

第五章 发动群众

1963年7月10日,救灾办公室汇报,全县人口外流仍有12 000人,并有增长趋势。焦裕禄立即召开县委会,研究如何稳定人心。他在会上进一步强调发展副业生产的重要性:"光靠发粮食,单纯物资刺激是不行的。只有从多方面发展生产,增加收入,扩大副业门路,大搞多种经营,才是最好的办法。"焦裕禄亲自起草了《关于切实制止人口外流的意见》,提出"广开副业门路,大搞多种经营。根据季节,能种啥种啥。充分利用水坑、洼地,插苇、栽蒲、种藕、养鱼,增加收入。组织运输,烧窑,管理好苗圃,保护好现有林木。提倡集体养母猪,繁殖仔猪,分给五保户、困难户喂养。抓紧有利时机大搞饲草"。❶

县委一声号令,干部紧急行动,全县八仙过海,各显其能,不到一个月的时间,副业生产全面铺开,并初见成效。

8月4日,焦裕禄给地委的报告《关于雨季发展多种经营的情况报告》写道:"根据不完全统计,全县插苇4 854亩,栽蒲1 244亩,种藕308亩,养鱼193万尾,插白蜡条4 666亩,插杞柳1 350亩,插香椿1 850亩,插杨条400亩,养鸭1 100只"。"各社、队在发展多种经营中,都是本着以富养农,农副结合,自力更生为主,国家辅助为辅的原则进行,充分发挥干部、群众的主观能动作用,挖掘生产队内部潜力,积极找树苗、找种子,尽量降低成本。达到了投资小,见效快,收益多的目的。""要求所有社队,因地制宜,大力发展多种经营,增加集体和社员收入,活跃农村经济生活,从多方面想办法改变兰考面貌。"❷

今年69岁的吴伯军,曾担任双杨树大队团支部书记。他回忆:1962年秋,兰考县内涝,雨断断续续下了72天,地里、村里一片汪洋,秋季庄稼全部绝收。因秋季绝收,群众挨饿,队里的牲口也饿

---

❶❷ 周长安等:《焦裕禄在兰考的475天》,中州古籍出版社2014年版,第89~90、108页。

死了 6 头。县里号召搞副业,双杨树村很多人会做风箱。于是,队里临时抽调村里的手工匠,成立了一个副业组,日夜不停地赶做风箱,然后再派人爬火车到外地去卖。说是"卖",其实是交换,用风箱换一些薯干回来,分给村民。

土山寨村民王连备一家七口,缺衣少食,生活十分艰难,有外出行乞的打算。焦裕禄多次登门,关心他们家的生活。有一次,他指着地上的一根草棍对王连备说:"咱们贫农可不能像这个草棍这样老躺在地上不动。"说着他把草棍慢慢扶直起来,说:"国家的救济就好比这样扶你一把,要想站起来,还得靠自己。"他问王连备,"你能出力吗?"王连备说:"能,庄稼人有的是力气。"第二天,他就派人给王连备送来一把铁锨和一辆架子车,两口子积极地参加了运输队,为除"三害"做出了贡献,生活也有了基本保障。

四、改革驱动

20 世纪 70 年代末,安徽凤阳小岗村的"包产到户",红遍大江南北。岂知,早在 60 年代初,焦裕禄就曾在兰考全县范围内实行了"包树到户"。

植树是治理兰考"三害"的重要举措。但是,种树容易管理难。种一棵树,不过挖一个坑而已。可是,要让树成活、长大、不被人畜毁坏、不被水淹风摧,却需要成年累月、年复一年的精心护理。集体经济在应对天灾方面,有着很强的优势。但是,在经营和管理方面,由于劳动果实的"大锅饭"性质,广泛存在着"人浮于事""三个和尚"没水吃的现象。

时任兰考县委宣传干事的刘俊生介绍,因为逃荒的人太多,为了刺激生产积极性,当时有的地方私下把荒地和一些边远地块承包给社员耕种。看到有的村把枣树包给个人后,群众收获了不少枣子,焦裕禄受到启发，冒险搞了林木承包责任制。

1962年12月24日，焦裕禄在县委扩大会上提出：应实事求是地解决突出问题，建议实行"六包六定"。所谓"六包"，即："临时包工、小段包工、大段季节性包工、常年包工、专业包工（果树、副业、红薯育苗包给个人）、连续包工（作物、地块、管理人不变，队里种啥他包管啥）。"所谓"六定"，即："定任务、定完成时间、定劳动报酬、定质量标准、定期检查、定奖罚制度。林区最好将林木和土地一齐包下去，按照比例分成。"❶

1963年3月6日，焦裕禄又呼吁："要搞田间管理大包工，从小苗出土包下去，一直到收。要尽量做到管庄稼、管树木统一起来，庄稼可以连续包工，树木可以随地一起包下去。"❷

显然，这种将生产者的贡献与生产者的利益直接挂钩的做法，与1978年改革开放后兴起的联产承包责任制异曲同工。但是，早在1962年就这样做，客观地看，是冒了政治风险的。那时，中国农村的"单干风"正在受批判。而在许多人眼中，"包产到户"就是"单干"，就是走资本主义道路。1962年8月，毛泽东在中央北戴河工作会议的讲话，更将反对"包产到户"提高到阶级斗争的高度。短短4个月后，焦裕禄的讲话竟有6个"包"，这的确令人费解。

有人将他的这一做法，理解为"敢于冒政治风险的勇气"。笔者认为，这是以今天的心态，对当年干部行为的一种过分解读。

应当指出，当时中央有两种声音。一是包产到户；二是集体经营。显然，作为一个县委书记，焦裕禄有自己的看法。

焦裕禄于1962年年底到兰考，正是中共八届十中全会之后。1962年年初，中国共产党为总结"大跃进"、人民公社化运动的教训，召开了从中央到县各级领导骨干共七千人的会议。刘少奇对造

---

❶❷ 周长安等：《焦裕禄在兰考的475天》，中州古籍出版社2014年版，第18~19、55~56页。

成三年困难的原因是"七分天灾，三分人祸"的说法提出质疑，认为可能"人祸"是造成许多地方困难的主要原因。为了克服困难，纠正几年来反"右倾"斗争中对干部的错误批判和处分，当时一定程度上允许包产到户。毛泽东对此不满，当年9月，在中共八届十中全会上提出"千万不要忘记阶级斗争"，批判"黑暗风""单干风""翻案风"。

我们所了解的焦裕禄，是一个组织纪律性极强的干部。而且，像当年绝大多数干部一样，他对党忠诚，极其崇拜领袖毛泽东主席。身为县委书记，在与党中央保持一致这一点上，他绝不含糊。此前，他刚刚传达文件，信誓旦旦反对"单干风"，无论如何都不可能与中央对着干。

笔者相信，他主张"六包六定"，并非由于他的政治远见，更谈不上"冒政治风险"的勇气。而是因为：他的心中只有除"三害"，只有抓生产，一门心思地想着让人民生活好起来，根本没有意识到那样做会有政治风险。据刘俊生回忆，焦裕禄常说："我们心里有一片绿，才会有兰考大地的一片绿！"——他心中的绿，太执著了，以致心无旁骛，忽略了一切。

在他看来，"六包六定"与"单干"完全没有关系，只是更有利于调动群众种树的积极性。就是说，客观上他冒了政治风险，但他并没有意识到这一点。正如当年很多党的干部，都是这么怀着对党的无限忠诚，稀里糊涂成了"右倾分子"。

在这次会议上，为取信于民，消除大家顾虑，焦裕禄明确提出："尽快确定林权，建立责任制，实行管理分成，颁发林权证。"❶

事实证明，这个政策产生了巨大的社会能量。1962年，兰考全县造林面积仅为8 436亩。"六包六定"政策启动于这年12月24

---

❶ 周长安等：《焦裕禄在兰考的475天》，中州古籍出版社2014年版，第18、19页。

日，1963 年兰考造林面积竟高达 43 478 亩，堪称"井喷式"发展。紧接着，1964 年 51 545 亩，1965 年 58 571 亩，1966 年，"文革"发生。但是，种树是冬春的事，仍高达 102 818 亩。❶

五、策略驱动

运用策略，是聪明的表现。军事斗争，需要策略。经济建设，同志之间，甚至家庭之内，也同样需要运用策略。只是后者与前者目的不同，是善意的。正确运用策略，可以使我们社会发展更快速、更和谐。善于运用策略，是干部智慧的表现，同时也是对群众的尊重。不善于运用策略的干部，不可能拥有坚强的执行力。

焦裕禄不仅是实干型的干部，同时也是智慧型的干部，他似乎始终都知道他面对的群众心中是怎么想，所以在策略的运用方面，得心应手，淋漓尽致。

1. 发动群众的相机

20 世纪 60 年代，拍照片也算是比较奢侈的消费，胶卷和相纸，价格不菲。据县委宣传干事刘俊生回忆，焦裕禄在兰考工作期间，仅留下四张照片。其中三张是偷拍，有一幅叉着腰、斜着脸，喜气洋洋的，身后一株小泡桐，这是最经典的一幅。现在城关乡胡集大队朱庄村村南（焦裕禄干部学院门前）保留的那棵"焦桐"，就是这棵小树。当年不足一握的树苗，如今要三个大男人才能合抱！

当时这里是泡桐试验田。1963 年春天，焦裕禄带队检查工作时亲手栽下这棵树。这年秋天，焦裕禄经过这里，看着小泡桐绿油油的，很得意。这是他照得最神气的一张照片。

---

❶《兰考县志》，中州古籍出版社 1999 年版，第 367、368 页。

再一张是锄地；还有一张是蹲着扶花生苗。四张照片中，只有他扶着泡桐苗的正面照片是他有意识拍照。这张照片上，焦裕禄看着眼前的泡桐树，欣慰地笑着。

焦裕禄荷锄躬耕

棉花地里的焦裕禄

偷拍的焦裕禄最经典的照片

焦裕禄在兰考唯一的"摆拍"
（原照片是二人合影）

那是1963年9月的一天，焦裕禄到城关公社胡集大队朱庄检查工作，看到他春天栽下的那棵泡桐树长得很旺盛，当时城关公社书记孟庆凯同志要求与他合影，他答应了，说我爱泡桐树，就在泡桐树旁照一张吧。于是，宣传干事刘俊生，拍下了焦裕禄在兰考唯一一张"摆拍"的照片。其实，这张照片并非是独照，后来由于宣传焦裕禄事迹的需要，做了技术处理。这就是说，焦裕禄在兰考一年多，没有主动为自己留下一张照片。

甚至直至他去世，要开追悼会，竟找不到他的一张标准像。后来用的那张照片，还是求助于河南省委档案室，从他的档案中，找出他二十多岁参加工作时的照片临摹的。

可是，正是这个连一张照片都舍不得照的人，却为刘俊生配备了一架德国相机！而且，每次下乡，他都提醒刘俊生："带上相机！"

刘俊生曾经不解地问："你总不让我给你拍照，为什么带相机呢？"

焦裕禄说，"你忘了？那天，我们俩到阎楼村，你刚把相机举起，就有群众喊，'大家加油干啊，领导来给咱照相了！'你相机一举，胜过我半小时的鼓动。"刘一听，恍然大悟。从此，每遇到群众集体劳动的场面，就把相机高高举起。

——在好干部手里，相机也会发动群众。

2. 会捉老鼠的汽车

时下厉行节约，中央三令五申，颁布新规，严控各单位公务用车。当年兰考，也有一辆小车。

焦裕禄是县委书记，若使用那车，也算顺理成章。然而，据老同志们回忆，焦裕禄从来不用那车，甚至连坐上去试一试都没有。他喜欢骑自行车，认为那样更有利于接触实际。

值得一提的是，兰考有许多生产能手，地道的农民，却乘那小车风光过。

有一次，焦裕禄途经胡集大队，发现有个农民趴在地里不动。经询问方知，他在捉老鼠。此人叫肖佩福，人称"地猫"，徒手一天竟能捉100多只老鼠！

　　焦裕禄一听非常兴奋，他正发愁老韩陵花生地里的老鼠成灾，遂即下令用县委小车接送肖佩福到老韩陵花生地捉老鼠！

　　可以想象，60年代初，农民坐小车下地干活，全国绝无仅有！肖佩福高兴得找不着北，仅坐一次车，便在老韩陵花生地认认真真趴了一个多月，老鼠全逮光。

　　——在好干部的手中，汽车也能捉老鼠。

　　真正优秀的干部，应该是睿智的干部。有时，端着个架子念文件或大喊大叫，未必能发动群众。睿智在心，心思到了，"精诚所至，金石为开"，飞花摘叶，尽显功力。

　　焦裕禄到兰考，虽两手空空，却拥有无穷无尽的为人民服务的心思！能量的集中，产生力度；思想的专注，迸发灵感。因而，无论他走到哪里，都能够得心应手。在他的带动下，似乎兰考的一切都有了生命力，都成为改天换地的动力。

第六章　改天换地

焦裕禄殚精竭虑，剑指"三害"，终于点燃了干部和群众的希望，使本已离散的兰考人心，重新凝聚。人心齐，泰山移，古老的豫东平原，吹响了向"三害"开刀的号角。

"三害"：风沙在天，盐碱在地，洪涝居其间。根治"三害"，那是一场真正的"改天换地"的事业。

一、分秒必争的焦裕禄

焦裕禄1962年12月6日来到兰考，1964年3月23日因病住院，5月14日病逝于郑州。他在兰考实际工作时间仅仅一年零三个月，竟成就一番伟业，令很多人难以置信。有人说："共产党解放16年了，没改变兰考的面貌，焦裕禄一年就改变了？他就这么大本事？"❶

我们必须承认，人与人是不同的。一年多的时间，对于有的人，只是虚长一岁，有的人则是工作了一年；有的人只是投入300个工作日，有的人则义无反顾，倾注毕生心血！时间，对于每个人的意义不同。有人以年计算，有人以月计算，有人以天计算，焦裕禄则

---

❶ 吕传彬："焦裕禄胡子拉碴像土匪"，《人物汇报》2013年3月28日。

是分秒必争！

笔者手头有一本《焦裕禄在兰考的日日夜夜》，是根据县委档案整理，堪称焦裕禄的工作日志。这本书显示，从上任第一天，直到住进医院的前一刻，他几乎每时每刻都在群众中、在风沙泥水中奔波。甚至直到躺倒在病床的弥留之际，他仍然在惦记着兰考的一草一木。

焦裕禄去世后，他的同志们满含热泪指出：焦裕禄在兰考实际工作时间仅仅一年零三个月，可是他却干了历朝历代"父母官"在这儿都没干过的工作：全县149个大队，他跑了120个；全县几乎90%的百姓都和他见过面；他徒步跋涉5 000里，查清了全县84个风口、1 600多个大小沙丘，查遍了全县大大小小的沟渠河流。他忍受肝癌的巨大痛苦，带着行李，拿着干粮，挎着水壶，为查找风口，顶着风沙前进；为勘察水路，他冒雨涉水绘图；身为县委书记的他，捧起盐碱土舔一舔，说得出"咸的是盐，凉的是硝，又骚、又辣、又苦的是马尿碱"这样专业的感悟……

笔者为之合计了一下：他在兰考仅仅度过一个"春夏秋冬"，外加"半个冬天"和"半个春天"。如果不抓紧，很可能一事无成。

例如，治理风沙，需要种树。树种在哪里？要查清风口，在风口种树。冬天风沙最猖獗，是摸清风口的最佳时机。焦裕禄到兰考是12月6日，冬天过去了一半，他正是利用这宝贵的"半个冬天"查清了风口，才能在春天把树种下。试想，如果当初错过了那"半个冬天"，春天种树的季节将被耽误。而拖到第二个春天，他去世了。

再如，治理内涝，须挖河渠。河渠挖在哪里？要查清水道。可当时没有仪器，你不知道洪水从什么地方来，也很难规划洪水从哪里走，必须等待"雨季"的来临。雨季通常是夏天，可秋粮播种也是夏天——水不排出去，怎么播种？焦裕禄时间抓得很紧，他发现兰考5月中旬即提前进入了雨季。正是利用这个春天"短暂的雨季",他赶在夏季来临之前挖好了水渠,从而使夏季播种成为可能。否则,焦裕禄在兰考,连自己种的秋粮都看不到了。麦子本来就看不到,中原的麦子6月份收割,焦裕禄5月14日去世。

如前所述,焦裕禄是一个"激情型"的干部,救灾如救火,尽管生命对于他过分苛刻,他却用这短暂的生命,为兰考人民建立了不朽的功勋!

二、治理风沙

治理风沙,必须植树造林。1962年12月22日,焦裕禄在县委扩大会发出号召:"造林在兰考有着特殊的重要意义,沙地没有林,有地不养人,不造林就不能彻底改变兰考面貌。多造一亩是一亩,多栽一棵是一棵。❶从1963年开始,全县人民每人每年至少要种一棵树。"❷

时隔两天,12月25日,他在仪封区讲话又说:"沙地没有林,有土不养人。要想办法赶快造林,把沙丘都种上树。"

寥寥数语,使人强烈感觉到三点:

第一,思路清晰而坚定——不造林就不能彻底改变兰考面貌。

第二,风风火火,充满紧迫感——赶快造林,把沙丘都种上树;多造一亩是一亩,多栽一棵是一棵。

第三,依靠群众。尤其是提出"全县人民每人每年至少要种一棵树",可谓"四两拨千斤"!对个人而言,一年一棵树不算什么;可是,当时兰考有36万人民,一年就是一片郁郁葱葱的树林!

而且,焦裕禄前后两次讲话,均强调同一命题——"沙地没有

---

❶❷ 周长安等:《焦裕禄在兰考的475天》,中州古籍出版社2014年版,第18、19页。

林，有土不养人"。笔者注意到，这一警语，实出于尉氏县广为流传的一首农谚。其原文为："沙区没有林，有地不养人；沙区有林就有粮，没林挨饿打饥荒。"

焦裕禄从尉氏来。显然，自临危受命，身在尉氏的他，心已迫不及待地飞到了兰考。而且，他是带着群众的智慧而来。相信群众，依靠群众，视群众智慧为瑰宝，是焦裕禄领导艺术的特色。解决兰考"三害"的金钥匙，归根结底，还须从兰考群众手中寻找。

植树造林，是防风固沙的基本思路。但是，若焦裕禄当年仅仅提出种树，就没有今天的焦裕禄了。关键是种什么树？沙丘怎么种树？树种下之后，天长日久，如何养护？

1. 选择泡桐

提及兰考的防风造林，人们的第一反应就是"泡桐"。其实，当年兰考植树的品种非常之多。刺槐根系发达，属耐旱树种，是选择之一；香椿生长迅速，可做菜肴，也种了不少；白蜡条也曾大批种植，可做棍棒柄材；柳树插枝即活，成活率高，可编筐篓。但是，作为防风固沙的标志性树种，焦裕禄认定了泡桐。如今看来，这一选择，具有战略意义。

第一，材质好。兰考植树，重在防风。但是，对于贫穷的兰考百姓，树本身的经济价值也十分重要。前面提到，黄河岸边的城市大都面临风沙的侵害。但是，城市绿化多选择"法桐"。遗憾的是，法桐树冠多姿，枝叶繁茂，木材却大而无当。当年兰考，选择泡桐防风固沙，堪称一举两得。如今的泡桐板材，原木 2 500 元一方，是制造家具、乐器的主材之一。"要想富，栽桐树，十年变成富裕户"，是当地老百姓的顺口溜。

第二，适地性强。泡桐特别适合兰考：既耐盐碱，又喜沙壤。

第三，长势猛。种树的目的是防风，如果十年、八年长不成型，则远水不解近渴。泡桐长得快,是我国五大速生树种之一。兰考民谣赞美泡桐树是"一年一根杆,两年粗如碗,三年能锯板",日新月异。

第四,不遮地。泡桐树枝丫稀疏有致,透气、透光,适合"林农间作"。大树之下,兼种小麦、高粱无妨。

第五,扎根深。泡桐树根在地表40厘米以下,而农作物根系通常在30厘米以内。犹如池塘养鱼,有上层鱼,下层鱼,互不干扰。

举凡五大优势,泡桐似乎是专为兰考而生。

当年,兰考发展泡桐的方针是:农桐间作,以粮为主,兼种桐树。因此,一亩地一般只种4棵。这4棵泡桐长成,基本可起到防风固沙的作用。同时,对改变农田小气候非常有效,可基本消除干热风。据当年河南省气象局的统计,全国每年因干热风造成小麦减产达15亿公斤。而有泡桐的地方与没有泡桐的地方相比,粮食增产20%。

兰考林农间作标准田

60年代的中原地区,泡桐还是比较稀少的树种。中原最常见的是杨树、柳树、槐树、榆树等。在笔者记忆中，认识泡桐树还是从学习焦裕禄事迹开始的。焦裕禄初到兰考，即选定泡桐树防风固沙，是得益于农民萧位芬的建议。

萧位芬是一位农民饲养员。1962年12月9日，焦裕禄到城关区老韩陵村挨家挨户访贫问苦，与之相识。之后，他与萧位芬在牛屋住了三天地铺。在此期间，焦裕禄虚心请教，萧位芬把30多种树木反复比较，最后选定泡桐。❶

这位淳朴的老汉，万万没有想到，正是他与焦裕禄的这一席牛屋闲聊，为焦裕禄领导兰考人民向"三害"进军，迈出了坚实的第一步。

焦裕禄的好朋友萧位芬

一周后的12月17日，焦裕禄起草了《关于城关区韩陵公社进行巩固集体经济发展农业生产第一步工作情况的报告》。其中分析了兰考种泡桐的好处：第一，泡桐是根生天然育苗，刨一棵生百棵，源源不断，年年生根发芽，可以陆续移栽；第二，不用投资，不用治虫打药；第三，泡桐树技术性不强，按一般的操作规程就可以成

---

❶ 周长安等：《焦裕禄在兰考的475天》，中州古籍出版社2014年版，第14、16页。

活,五六年就可以成材,见效快,收益大;第四,以林促农,旱天它能散发湿气,涝季它能吸收水分,适宜林粮间作,以林保粮;第五,当地社员有种桐树的习惯,无需做工作。

据当时的林业技术员魏鉴章回忆:1963年一年时间,焦裕禄带领群众在兰考县推广种植了5万亩泡桐。而且只要是搞的试验点,焦裕禄都会去亲手种一棵泡桐树。❶

1986年,新华社资深记者穆青访问过这位老人。见面时,老人正在吃馍,一提焦书记,一口馍没咽下,已是泪流满面。老人指着屋前大片的泡桐林说:"老焦要是活着,看到这些林子,他该多高兴。"

有位护林老人告诉记者说:兰考有今天,全靠老焦领着大伙种树。他指着自己的腿说:"谁要砍一棵树,就是砍我一条腿;折一根树枝,就是断我一个手指!"许多到过兰考的人,都强烈地感觉到:泡桐在兰考人的心中,已经被深深地人格化了。

如今,焦裕禄学院门前的那棵巨桐,被亲切地称为"焦桐",

焦裕禄亲手种植的泡桐树,如今被乡亲们亲切地称之为"焦桐"

---

❶ 王怡径然:"焦裕禄:一个人 一棵树 一种精神",《中国绿色时报》2014年5月14日。

是1963年3月焦裕禄亲手所植。6个月后,焦裕禄在他亲手种下的泡桐树旁,留下了与泡桐树的合影。"村里人想焦书记了,就会来这儿看看,是个念想。"一家两代义务护桐的魏善民,指着眼前的"焦桐",嘴里念叨着,"焦书记啊,乡亲们都想你啊。"

2. 翻淤压沙

平地种树相对简单,沙丘种树需要"翻淤压沙"。焦裕禄通过考察,全兰考记录在案的沙丘共1 600多个,"大风起,沙满天",与这些沙丘直接相关。

焦裕禄采取的做法是,深翻黄河故道的黏土或淤泥,将沙丘封住,即"翻淤压沙",而后种上刺槐。这一做法,同样也是受到农民的启发。

1963年3月,焦裕禄为整治风沙来到张庄。张庄是兰考有名的风口,在全县86个风口中首屈一指,兰考最大的沙丘"九米九"也在张庄。显然,在焦裕禄看来,深受风沙之苦的张庄村民,在防风固沙方面最有发言权。

正是在张庄下马台,焦裕禄偶遇正为父母上坟的农民魏铎彬。魏铎彬一席话,使苦苦寻找治沙良策的焦裕禄拍案叫绝。

原来,魏铎彬母亲去世,每年冬春,坟头总是被狂风吹开露出棺材。魏铎彬被惹恼,一发狠,深挖沙地,竟意外发现,沙地一米以下是红胶泥。他仅用了一个早上,便用黏土将坟头盖住,狂风再也刮不动了。此后,坟头上长满野草和杂树。

焦裕禄顿悟:兰考的土地,基本是黄河故道。通常河床的表面,往往是相对粗糙的黄沙。细腻的黏土则淤积在沙的底层。这就是说,兰考所有沙地的底层(流沙除外)均有红黏土存在。既然个人的力量可以翻淤盖坟头,集体的力量,当然可以封住沙丘。——"翻淤压沙"的想法油然而生。

第六章 改天换地

魏铎彬万万想不到，他的一番话，竟给了焦裕禄那么大的启发。之后，为取得治沙经验，兰考县委采取了先搞试点、由点及面、全面铺开的方法。焦裕禄率领干部群众首先在张君墓公社赵垛楼大队进行了小面积翻淤压沙、封闭沙丘试验，用两天封闭一个30亩大的沙丘，经过七级大风考验，周围只有这个沙丘没有滚动，旁边的麦苗也没有被打死。焦裕禄把试验成果总结为"贴上膏药再扎针"。所谓"贴膏药"，就是在沙丘上封上淤土，"扎针"就是在淤土上栽树。

试验成功以后，县委又在爪营公社张庄大队搞大面积试验，发动群众大干一个多月，把1 000多亩沙丘，全部盖上了一层半尺厚的淤土。

此后，全县很快掀起了群众性的治沙高潮。经过一个冬春的奋战，危害大的一些沙丘，全用淤土封闭，并栽上了各种树木。

"贴上膏药再扎针"的做法，在实践中又被农民们创造性地发挥。例如，张庄整个大队有沙丘17个，占地1 100亩。他们采取逆向作业——"先播种子再压沙"，即：压沙之前，在沙丘上先撒一些楝树种子，再压淤泥。到了春天，楝树自然发芽，长出小树。这样，既省去许多劳力，树的成活率也高。焦裕禄又及时建议，在张庄召开了现场会，向全县推广。❶

"翻淤压沙"概念的提出，连兰考本地农民都感慨，说真没想到，脚底下是沉睡了千秋万代的红胶泥，我们竟还在沙堆里滚了多少辈子。于是，一个冬春，他们把全县45个大队的沙地翻了个底朝天，全种了泡桐和刺槐。刺槐根系发达，更适宜沙丘种植。

所以，今天到张庄，根本看不到沙。一部有关焦裕禄的电视剧拍摄时，导演提出要在当地找一处大点的沙荒地，再现兰考当年

---

❶ 周长安等：《焦裕禄在兰考的475天》，中州古籍出版社2014年版，第159页。

"三害"肆虐的情景。这让当地人很是为难:"上哪儿去找呀?兰考现在真是没有大片大片的沙荒地了。"❶

笔者曾问张庄的农民朋友:"沙呢?"

农民跺跺脚:"下面全是沙。"

笔者开玩笑,"现在建筑用沙,很贵的!"

农民答:"没关系,当年把沙翻下去,种地;以后沙贵了,再翻过来,卖沙!"

我们不禁感慨——焦裕禄带出来的人,翻天覆地,简直像翻书一样简单!如今,在"翻淤压沙"原创魏铎彬黏土封墓处,有一座焦林纪念馆和一片枝丫嶙峋的刺槐林。早春季节,风动槐荚,飒飒作响,仿佛仍在述说着当年沙丘上发生的感人故事。

3. 包树到户

种树容易养树难。种树,耗的是一时之功;树的养护,保证树成活、成材、成林,却须天长日久,常抓不懈。为提高村民养树护林的责任心,焦裕禄从群众中来,到群众中去,在实践中大刀阔斧,实事求是地推行了一整套"包树到户"政策。

焦裕禄最初的思路是"专职护林"。

1962年12月下旬,针对林木管理混乱,毁林盗树现象时有发生的现象,焦裕禄召开县委扩大会,呼吁明确树权。其基本政策是:"国有国造,队有队造,国队合造,谁有归谁造,谁造归谁有。"❷

在树权清晰的基础上,焦裕禄要求全县党员干部迅速行动起来,大搞植树造林,同时要求各公社、大队"设立护林主任、护林员,订出护林公约"。❸

---

❶ "他留下一座'绿色银行'",《重庆晨报》2011年5月10日。
❷ 周长安等:《焦裕禄在兰考的475天》,中州古籍出版社2014年版,第21页。
❸ 周长安等:《焦裕禄在兰考的475天》,中州古籍出版社2014年版,第18、21、52页。

焦裕禄主持制定的《护林公约》，有些规定非常严格，甚至将泡桐提升至人格化的高度。诸如："爱林护林，人人有责，破坏一株，栽三棵，保护三年；把泡桐弄断了，要在原地给泡桐开'追悼会'——就是开会批评。"❶

应当指出，通常，这种"明确树权，专职护林"的办法是行之有效的。《护林公约》在很大程度上遏制了毁林、盗树的歪风。但是，由于兰考植树，是防风固沙之用，全民植树，按照每亩4棵的布局，分散在全县，往往远离村落，仅靠人数有限的专职护林人员和一纸公约，很难确保林木无损。

1963年3月1日，焦裕禄来到红庙区夏武营村，参与村民们关于护林政策的讨论。当地种了大量的香椿树，既可防风，又可做菜。但是，由于管理难以到位，毁林十分严重。本来一年只能收两茬香椿菜，大都是收三茬，甚至连嫩枝都掰掉了。在此情况下，群众提出分户看管，焦裕禄当场批准。

其具体办法是：把现有的香椿树，以三把粗为标准，折合成标准棵，按人口平均包到户。看管、掰菜均归社员个人负责，收入按个人三成集体七成分配。发出来的小树苗按"倒三七"分成。一包5年不变。还规定：看管不严，屡次被盗者，生产队随时可以收回。树木被盗伐，赔偿一半。不准在树下开荒、放羊啃树苗。在每一方树圃的周围要挖沟、打墙，保护好树苗生长。❷

如此，承包目的，年限，责权，奖罚，利润分成等，面面俱到；相关政策，具体且切合实际。唯稍感遗憾者，条理不够清晰，定量责任略显粗糙。但是，堪称一夜成蝶，仅仅时隔一天，在焦裕禄的手中，一套细腻而完整的"包树到户"政策跃然纸上。

---

❶ 王怡径然："焦裕禄：一个人 一棵树 一种精神"，《中国绿色时报》2014年5月12日。
❷ 周长安等：《焦裕禄在兰考的475天》，中州古籍出版社2014年版，第52页。

3月3日，焦裕禄到城关区孙庄、桂李寨、余寨等检查植树造林和春耕生产。在余寨枣园，到处可以看到被砍伐后的树茬。这里原有枣树18 000棵，由于管理不严，乱砍盗伐，只剩下2 000棵了。根据群众意见，焦裕禄在第五生产队搞包管试点，所拟具体办法为：

一、每人包管一把粗的枣树6棵。两把粗1棵顶2棵，3把粗顶3棵，以此类推。一把以下两棵顶一棵，幼树在保管区由管理者负责。

二、生产队与包管户签订合同，内容是：管理的标准棵树和实有棵树要常对照，空闲地还能栽多少棵定下来，由管理户栽培，活一棵奖干枣1斤。

三、估产包收，秋后干枣60%交生产队，40%归管理者。

四、奖励办法：采取全奖全罚，超产部分归己。实收低于估产者，属于人为造成，按估产上交，如果是天灾造成，按实收上交60%。

五、包管的枣树，如果被砍伐，用个人自留地枣树赔偿。❶

显然，此处五条承包政策，条理清晰，非常切合实际。尤其载明将"分成""奖罚"建立在"估产包收"的基础上，这一做法非常科学，弥补了夏武营承包政策的缺陷。

这个办法于3月5日在全县林业会议上进行了推广。

纵观上述一系列政策：多种经营，责权清晰，奖罚分明，规定具体，切实可行。正是由于这一系列政策的贯彻，使20世纪60年代初的兰考城乡，造林护林蔚然成风，整个沙区造林事业在短期内业绩斐然。

---

❶ 周长安等：《焦裕禄在兰考的475天》，中州古籍出版社2014年版，第53、54页。

4. 业绩斐然

20世纪60年代初，兰考县防风造林，主要分为两个方面，即：建设防护林带和农民群众的沙荒造林。而要实施这两方面的工作，需要大量的树苗。为此，焦裕禄尤其重视林场育苗工作。

第一，林场育苗。

1962年12月22日，焦裕禄在呼吁全县大搞植树造林的同时，明确指示，从1963年开始，大规模培育树苗，县建育苗场，所有的公社、大队必须建设自己的苗圃，重点搞好防护林带，大力恢复和发展兰考泡桐、白蜡条等好栽易活的树种。下表详列了相关数据。

1949~1989年兰考县林业育苗面积统计表[1] 单位：亩

年度	面积	年度	面积	年度	面积
1950	120	1963	1 477	1976	13 800
1951	150	1964	4 212	1977	12 000
1952	2 889	1965	5 309	1978	9 034
1953	259	1966	13 253	1979	600
1954	260	1967	13 440	1980	8 729
1955	197	1968	3 177	1981	7 855
1956	377	1969	4 593	1982	10 545
1957	538	1970	6 693	1984	22 443
1958	404	1971	6 806	1985	4 861
1959	1 200	1972	6 722	1986	1 604
1960	3 247	1973	8 805	1987	799
1961	2 192	1974	15 282	1988	1 511
1962	1 350	1975	15 000	1989	840

注：本表缺1949年兰考林业育苗数据，原表如此。

[1]《兰考县志》，中州古籍出版社1999年版，第365页。

根据上表数据，我们分析：焦裕禄是 1962 年 12 月到兰考，1964 年 5 月去世，因此，1962 年兰考林场育苗 1 350 亩，似乎与焦裕禄无关。同时，由于林场育苗季节性非常强，必须选择冬春季节，所以，兰考 1963 年林场育苗 1 477 亩，似乎与焦裕禄关系也不大，毕竟他是初到兰考。但是，1964 年兰考林场育苗，从 1 000 多亩急剧提高到 4 212 亩，并进而井喷式地发展至 1965 年的 5 000 多亩和 1966 年、1967 年连续两年共 26 000 多亩，显然是与焦裕禄的规划和发动直接相关。

兰考泡桐种植的发展，与两位大学毕业生的贡献密不可分。一个叫魏鉴章，一个叫朱礼楚。魏鉴章是湖南人，毕业于湖南林学院（现中南林业科技大学）；朱礼楚是江西人，毕业于南京林学院。

在兰考扎根的两位南方大学生（左为朱礼楚，右为魏鉴章）

兰考泡桐育苗，最早始于老韩陵公社的张庄基地。今日蜚声于海内外的泡桐优良品种"兰桐"，即发苗于此。两位来自江南鱼米之乡的青年，正是这一基地的创建者。不过，焦裕禄到来之前，他

第六章 改天换地

们都有调走的想法。朱礼楚回忆：当时兰考恶劣的生态环境和贫困的生活状况，让他这个从小生活在南方山青水秀农村里的青年极不适应，一度曾有打退堂鼓的想法。直到焦裕禄来到兰考，焦书记勤俭爱民的工作作风深深地触动了他，当时他已经到了火车站准备离去，但最终还是被焦裕禄挽留了下来。❶

虽然事隔数十年，他们仍清楚地记得那感人的一幕：1963年4月4日，身为县委书记的焦裕禄亲自前来苗圃看望，并诚恳地告诉他们：自己来自山东，也不是河南人，大家来自五湖四海，都是为了一个共同的目的——改变兰考。并鼓励他们，"大丈夫志在四方，要以事业为重。兰考有100万亩地，可以搞40万亩农田间作，这个条件是江南少有的"。同时指出：泡桐是兰考一宝，很有发展前途，非常值得研究，希望他们能在兰考扎下根来。

看见魏鉴章没有住房，他立刻指示大队帮忙盖起3间房；得知他们南方人吃不惯面粉，特意交代有关部门给他们送来两袋大米，并协调有关部门设法照顾。不久，两位大学生去粮站购粮，按南方人待遇，可以全部供应大米了。那个时期，北方人是不供应大米的。

从此，两位南方青年，专心致力于泡桐研究。尽管条件艰苦，最初的实验都在地窖中进行，但他们无怨无悔，破解了道道技术难关。老韩陵村68岁的老人张根田说，这些大学生借鉴柳树的种法，发现泡桐插枝也能活。一棵桐苗，能发出30~40棵的枝；一亩地能育苗800棵。1964~1965年，泡桐苗开始向外出售。

晚年的朱礼楚曾一再感慨："来兰考后悔，留在兰考不后悔。""焦书记用他的人格魅力留住了我。"

遥想当年，兰考的自然环境是何等的恶劣。朱礼楚、魏鉴章分

---

❶ 周善汉，胡怀军："兰考的功臣 赣南的骄傲——访崇义籍林业专家朱礼楚"，中国赣州网 2009-12-10。

别来自江西和湖南,那里可谓山清水秀。焦裕禄居然能让两位南方大学生在风沙盐碱中扎下根来,一干就是半个世纪!可见,优秀干部的人格魅力真是难以估量。

第二,防护林带。

国营林场和集体林场的育苗,主要流向是建造防护林带。据记载,焦裕禄时代,兰考营造的大型防护林带有四条:

(一)从葡萄架乡的韩湘坡沿贺礼河往东到民权县边界,全长18.7公里。

(二)从葡萄架乡的平房村往东到民权县边界,全长19.5公里。

(三)从堌阳镇的马目村到山东省东明县的边界,全长5.1公里。❶

(四)仪封公社土山大队独立建造了一条5~10行宽,6.5公里长的防护林带。❷

此外,兰考各区社、大队,还因地制宜建设了2 000多条小型防护林带,并通过植树造林,堵风口83处。这些防护林带,对于保护农田、发展农业生产发挥了重要作用。

第三,沙荒造林。

在推动各级政府致力于防护林带建设的同时,焦裕禄并主持制定相关政策,鼓励和发动群众在田间地头,房前屋后,自行种树。其中,较具代表性的有"沙丘造林"和"农林间作"。

所谓"沙丘造林",即上文曾介绍过的"贴膏药扎针"。从1963年冬天到1964年春季,兰考200余座大型沙丘1.5万亩,包括流沙基本全部封堵。

所谓"农林间作",主要有:"农桐间作",即在农田中植泡桐树;"农条间作",即在农田中植白蜡条;"农果间作",即在农田中

---

❶❷ 《兰考县志》,中州古籍出版社1999年版,第311、366页。

植果树，如大枣、桃、梨树等。其中，规模最大，最具代表性的是"农桐间作"，主要有三种形式。

一是"以农为主"间作型，株距为 3~8 米，行距为 16~18 米，每亩栽 3~5 株；二是"农桐并重"间作型，株距 5~6 米，行距 3~10 米，每亩栽 10~15 棵；三是"以桐为主"间作型，株距 3 米，行距 5 米，每亩 24~60 棵。❶

当年的林业技术员朱礼楚，如今已 70 多岁。据他回忆：治沙以前，兰考的小麦平均单产顶多在一百多斤。翻淤压沙植树造林以后，产量逐年提高，后来粮食产量达到了 800 多斤。兰考根本的变化，是生态环境的变化。

1966 年，当时的中国林业科学院院长吴中伦来兰考考察农桐间作，朱礼楚陪同。"在田里，他高兴得像个小孩儿，见一棵树抱抱，见一棵树抱抱。"朱礼楚笑着回忆当时的情形。吴中伦说："走了那么多地方，见了许多农林间作，没有像兰考这样林相完整、效果这么好的。"❷

据《兰考县志》记载，1963 年，兰考群众植树 166.41 万株，超过开封地区分配造林任务的 131.1%，超兰考县计划植树的 61.5%。❸而且，这年仅群众自发植树即高达 55 万株，1964 年群众自发植树更高达 91 万株。此后，民众种树，蔚然成风，年年大增。

总之，正是从各个途径全方位投入，兰考防沙造林成效卓然。焦裕禄到兰考之前的 1962 年，兰考造林面积仅有 8 436 亩。1963 年剧增至 43 478 亩，1964 年又增至 51 545 亩。焦裕禄同志虽然去世了，但是，他的精神依然引领着兰考人民植树造林。尤其是焦裕禄的灵柩迁葬兰考的 1966 年，兰考人民化悲痛为力量，造林面积高达

---

❶❸ 《兰考县志》，中州古籍出版社 1999 年版，第 311、366 页。
❷ 《科学时报》(2009-5-5 B1 区域周刊)。

102 818 亩！❶ 二十多年后的 1989 年，正是这些树，把兰考县的森林覆盖率从 1962 年的 3.4% 提高到 20.4%。❷

随着这些林木的成长，兰考的风沙渐渐被控制。

有人认为，兰考的风沙，并不是焦裕禄治好的。因为，直至焦裕禄去世，兰考依然是风沙弥天。

口出此言，显然是不善于观察和思考。诚然，焦裕禄去世时，兰考风沙强劲，这是事实。但是，应当承认，兰考的风沙是焦裕禄所降服。

因为防风，需要种树。那时种树，不像现在，很多单位种树，直接买大树，甚至买百年老树，焦裕禄种下的是小树苗。但是，头一年种树，第二年他便去世了。手指般粗细的小树，当然挡不住风沙。

可是，一个不容忽视事实是：焦裕禄去世了，小树苗并没有去世。树还活着，还在生长，那树一直长到今天，能挡不住风沙吗？

今日兰考，焦裕禄干部学院门前的那棵巨型泡桐树，当地百姓亲切地称之为"焦桐"，正是焦裕禄亲手所植。如今树高数十米，胸径 4 米多，3 个男人牵手才能合抱，树冠覆盖面积 500 多平方米。试想，倘若当年焦裕禄带领大家种下的泡桐都保留着，不砍伐，今日兰考将是一派何等壮观的景象！

前人栽树，后人乘凉。做人要有良心，我们站在大树底下，切不可将栽树的人忘了。

如今，每年 3 月 12 日是我国法定的植树节。这一节日，正式确定于 1979 年。据此，许多省市又规定了自己的植树日、植树周、植树月。也许很少有人知道，早在 1963 年 3 月 6 日，焦裕禄在兰考县林业会议上，已经正式将每年 3 月确定为兰考的"造林护林月"。

---

❶❷ 《兰考县志》，中州古籍出版社 1999 年版，第 367、368 页。

焦裕禄亲手所栽的泡桐树

三、治理内涝

兰考的涝灾，归根结底，是两方面原因造成的。

就兰考县的生态环境来说，地处黄河故道，地貌复杂，坑坑洼洼。1958年，由于水利部门不切实际地贯彻"以蓄为主"的方针，在兰考平原上建了3个大型蓄水区，面积40多平方公里；又在洼地、坡地建水库44座，面积近20平方公里；同时，还提出"一亩地对一片天"，搞所谓的"星罗棋布"，开挖坑塘1 681个。其结果是严重破坏了生态平衡，使兰考原有的排水河渠淤塞、废弃，造成兰考整个排水河系的紊乱。[1]

从兰考县周边的情况来说，兰考县的东部，紧邻山东曹县、东明县。同样也是"以蓄为主"方针主导，他们面向兰考修筑了一条大型阻水工程——太行堤，而由于兰考的地势是西高东低，所以每

---

[1]《兰考县志》，中州古籍出版社1999年版，第391页。

次下大雨，水无处可排，东半县必成泽国。

因此，焦裕禄认为，无论内外，兰考的涝灾，在很大程度上都与"以蓄为主"方针相关。因此，治理兰考之涝，必须"以排为主"。

1. 对内因势利导，疏挖河渠

排水，必须疏挖河渠。但是，河渠挖在何处，必先查清水道。了解水从哪里来，到哪里去，而后根据自然规律挖河。如今，有激光测量仪和卫星遥感技术，当然很简单。过去没有这些，只有在大雨、洪水到来之际，现场实地勘测水道、水位和流量。

昔日，兰考的天气，5月份有一个小雨季。焦裕禄提出先易后难的原则，"舍少救多，舍坏救好"，利用这个短暂的雨季，将部分水道查清。而后，从1963年6月至7月底，赶在大雨来临之前，领导全县完成骨干排水道3条，支沟190条，整修老沟12条；同时，发动群众自办开挖小型沟渠2 785条。❶ 正是这些排水设施，在很大程度上减轻了涝灾危害。

8月，雨季迅猛来临。2日至9日，兰考特大暴雨，全县降水400毫米。焦裕禄带领县委紧急组织了260名身体好、有经验的干部，分成10个组，分别由县常委带队，分赴全县各地，会同当地干部群众，冒雨查看洪水流势，现场设计治水方案。

同时，又组建28人的专业调查队，对全县阻水工程分河系、分地区全面排查。前后7天，冒雨排查，将全县阻水关节逐一记录在案。案卷之上，大型阻水工程164处，长289公里，涉及河南、山东两省3个县10个公社97个大队1 760个生产队。其中，高路基6处，长6公里；悬河9条，29公里；黄河故堤11条，217公里；淤塞河渠44条，65公里；废干渠29条，80公里；阻水公路13条，

---

❶ 《兰考县志》，中州古籍出版社1999年版，第310页。

66公里；堵水围堤14条，20公里；控制闸阻水34处，铁路阻水4处。❶

情况既明，刻不容缓。紧接着，焦裕禄主持召开了县委扩大会，组织力量，按计划对各阻水工程逐一拆除，形成小水沟排，大水坡排，特大雨水平地滚流的排水格局。

在所有这些工作中，焦裕禄无不身先士卒。

不论时间地点，大雨就是号令。随时下雨，随时出发。别人下雨往家跑，他是专拣大雨出门。焦裕禄的女儿焦守凤回忆，一天深夜，狂风怒吼，暴雨倾盆，她和妈妈从梦中惊醒，焦裕禄早已不知去向。

1963年8月2日，焦裕禄刚从乡下回到县城，突降白帐子猛雨。大家险些淋在路上，无不庆幸。不料焦裕禄反而来了劲，说："出发，等的就是它！"转眼间，他和三位同志便隐没在暴雨中。

有同志知道他有病，劝他："雨太大，小一点再走"。

焦裕禄说："不下这么大的雨，怎能知道它淹到啥程度？查明了水情，明年咱们就不叫它淹。"

整整七天七夜，全县一片汪洋。焦裕禄在大水里，拄着棍，一个村庄接一个村庄地勘察，亲自绘制洪水流向图，指导各村挖渠排水。

8月3日傍晚，他来到城关公社金营大队，大队支部书记李广志非常惊异，问："焦书记，这种天你是怎么来的？"

焦裕禄顿顿手中的高粱秆，说："我们坐这条船来的。"一句话说得大家哈哈大笑。他是一个很乐观的人。接着，他给李广志支招："你们村南头挖一条河，村东头再挖个排水沟，你这一方地都不淹了。"

---

❶《兰考县志》，中州古籍出版社1999年版，第310、311页。

李广志一听，几乎喊起来："我们在这儿住着，都没看出门道，你怎么一进村就知道啊？"

焦裕禄诚恳地告诉他："同志，下雨的时候在屋里是不知道的，到地里边看看就知道了。"

谈完工作，李广志要安排吃饭。那时，农村没有饭店，干部下乡都在群众家就餐。焦裕禄连连摆手说："大雨天，群众缺烧的，不吃了。"说着，又走向风雨。

这里没有书记，都是抗灾群众。在赵垛楼大田，天上大雨滂沱，地上沟满壕平、泥水横流，大片即将成熟的庄稼淹泡在水中，亟待抢收。焦裕禄刚放下背包，就投身工地，与群众同心协力，顺着大水的流向开挖排水渠道。村民们得知县委书记来了，纷纷前来看望，竟然找不到他。因为这时的他，已变成"泥人"，面目难辨了。

身为县委书记，而且重病在身，大家实在不忍，都劝他休息。他笑了笑，低声说道："大家不都在干吗？这里没有书记，都是抗灾群众。"

8月6日，焦裕禄再次冒雨前来，恰逢大队干部们开会，他独自一人，勘察水情，并从水中捞起一棵豆秧，交给前来汇报工作的支部书记赵培德，说："老赵，多好的豆子，长得齐腰深了，淹死了多可惜！"

少顷，焦裕禄手指南边，说，"从那边往这里挖一条南北沟，这片洼地的积水就可以排光，就可能救活这一片好豆子。"赵培德立即组织人力实施，遂如愿以偿。

这一天，焦裕禄马不停蹄，先后查看了5个村庄。每到一处，他都勘验了许多地块，根据水流方向，设计或南或北、或东或西的许多排水方案。回回营西地的"南北沟"，香庙村北地的"东西沟"，赵垛楼村东地的"南北河"等，都是焦裕禄亲自指点开挖的。

正是在焦裕禄的亲自指导下,赵垛楼大队的干部群众在暴雨、泥泞中,经过10多天的艰苦奋斗,终于排除了农田积水,全大队5 900亩水淹的庄稼,有5 500亩得救。❶

这场连续7昼夜的暴雨,原本是一场灾难。由于焦裕禄的出现,这场灾难却使赵垛楼获得丰收,并使这个逢雨必涝的重灾区一季翻身,建成一套完整的排涝系统。

开挖河渠,争取旱涝保收

2. 对外上下游兼顾,不使水害搬家

兰考境内的排水系统,无论多么完善,仅仅是解决了"小环境"问题。但是,兰考的涝灾,在很大程度上,却是被"大环境"所困。

例如,1963年8月暴雨期间,兰考全县受灾情况自东而西,依次可划分为重灾、中灾、轻灾。西部抗灾,是防涝排水;东部抗灾,

---

❶ 周长安等:《焦裕禄在兰考的475天》,中州古籍出版社2014年版,第100页。

则是救人保畜。

"太行堤"纠纷。 在这次特大暴雨中，整个兰考东部一片汪洋，焦裕禄亲自带队，勘察水情。在南彰公社东部，焦裕禄一行顺着吴河沟、吴信庄沟往东，一直勘察到山东曹县魏湾公社，只见一条百里长堤横亘在兰考东部。

该堤名为"太行堤"，始建于明弘治七年（1494 年），是副都御史刘大夏治河时主持修建。起自河南延津胙城，止于江苏丰县五神庙。清咸丰五年，黄河铜瓦厢决口，东明、曹州一段被河水冲毁，兰考黄蔡河、贺礼河、吴河沟、吴信庄沟等主要泄洪河道均流经于此。但是，1955 年，经豫鲁两省共同协商，中央批准于曹县南部兴建太行堤水库；两省又同时贯彻"以蓄为主"方针，忽略了河道的排水功能。因此，太行堤相关部分被修复。甚至直到 1961 年，兰考涝灾深重，山东方面仍对该堤段实施锥探灌浆予以加固。

太行堤的修复，直接阻塞了兰考数条经山东入海的泄洪河道的自然流势。因此，兰考的洪水，向东流不出去，排来排去，始终在兰考境内。整个兰考东部的水灾，既与兰考西高东低的地势直接相关，同时也是由于山东曹县太行堤水库南堤——太行堤阻水所致。这样，暴雨来临，兰考东半县一片汪洋，平地行船，亟须排水；曹县方面则要阻水。双方从明代开始，村民即纷争不断，数百年间，为了一个"水"字，"爷爷们拼过大刀，父辈们对过土炮，儿孙们架过机关枪"，积怨甚深。❶

在这次特大水灾中，面对太行堤，两边村民的情绪都非常激动。"兰考人要破堤，山东曹县人护堤。这边的人挥着铡刀、标枪喊"淹死也是死，打死也是死！"那边的人烧香、喝酒，发誓寸步不让。双方都集结了七八千人，势如干柴烈火，一触即燃！"❷

---

❶❷ 焦裕禄干部学院：《永恒的丰碑——焦裕禄的故事》，大象出版社 2014 年版，第 132 页。

第六章　改天换地

　　面对此情此景，有同志主张派 3 万人突袭，掘堤放水。焦裕禄指挥若定，立即通令南彰、张君墓两公社所属各级组织，坚决制止武斗，不准破堤放水。并指示："不能让水害搬家。借山东之路泄洪入海可取，但双方须协商，让人家有准备。"❶

　　8 月 10 日，焦裕禄主持召开公社书记和县直属机关科局长会议，再次强调："在排水中，要权衡利弊，从大局出发，不能让水害搬家。凡是两县、两社、两队交界处，容易发生水利纠纷的地方，双方领导要亲临现场，本着上下游兼顾，团结治水的精神，妥善协商，就地解决问题。要做好思想工作和经济赔偿工作，达成协议后再动工。一旦发生纠纷，双方只能劝阻说服，不能煽风点火。哪里发生闹事打架，由哪里负责。谁带头打架，就处理谁。"❷

　　跨省汇报工作。　排水不能转嫁水害，是焦裕禄不可动摇的信念。他提出十六字方针："圈要跑圆，理要讲全，心平气和，抓紧时间。"为此，他派出县委同志到曹县所属之山东菏泽地区汇报请示。❸

　　兰考，属河南开封；曹县，属山东菏泽。两县之争，兰考县委竟主动派员向菏泽地委汇报工作！这种跨省、跨地区的工作方式，县委很多同志不理解。但是，焦裕禄认为很正常，说："下级组织向上级组织汇报请示，是党的原则。"正是按照焦裕禄的指示，兰考工作人员破天荒地向山东菏泽地委作了一次详细的工作汇报。

　　菏泽地委十分赞赏兰考县委的做法，即刻向曹县县委发出指令：把兰考的洪水欢迎进来，欢送出去。❹

　　在此，焦裕禄开创了县级机关跨省、跨地区解决问题的科学途径。按照常规的组织程序，河南兰考县与山东曹县发生纠纷，两县直接协商是正常的；若协商不成，兰考属河南开封，曹县属山东菏

---

　　❶ 周长安等：《焦裕禄在兰考的 475 天》，中州古籍出版社 2014 年版，第 101 页。
　　❷❸❹ 焦裕禄干部学院：《永恒的丰碑——焦裕禄的故事》，大象出版社 2014 年版，第 102、103、132、133 页。

泽，兰考应上报开封，由开封地区出面与菏泽地区协商；若仍协商不成，则应由开封地区上报河南省，由河南省出面与山东省协商。但是，焦裕禄却快刀斩乱麻，"河南兰考县委径向山东菏泽地委汇报工作"，省去许多程序，使问题迅速得到解决。

他的这种做法，乍一看有悖组织程序。然而，深究之，非常合理。

第一，从实际情况看，兰考东部一片汪洋，人民群众苦不堪言，洪水早一天排出，庄稼就多一分被挽救的希望，人民生命财产就少一些损失。救灾如救火，倘若按正常行政组织程序，公文旅行，必然旷日持久。

第二，从组织原则看，兰考县政府与菏泽行署不存在行政隶属关系。但是，从党的组织原则看，中国共产党是一元化领导，任何一个党员，任何一级组织，无论到了哪里，只要在中国共产党内，都存在组织关系。"下级组织向上级组织汇报请示，是党的原则。"因此，兰考县委向菏泽地委汇报请示，完全合乎党的组织逻辑。

由此可见，焦裕禄深谙党的组织原则，是一个党性极强的干部。他的脑海中，毫无狭隘的门户之见。在他的概念中，兰考的事业，不仅仅是兰考、开封、河南省的事业，而是全党的事业。正如在兰考与曹县因排水阻水而纷争时，他严令"不能让水害搬家"，因为在他看来，曹县的事业，也不仅仅是曹县、菏泽、山东省的事业，也是全党的事业。那种只顾眼前"一亩三分地"，只认自己"顶头上司"的干部，恰恰是缺乏党性的表现。

推动中央水利部门决策。 一时的灾难解除了，日后的路还很长。为一劳永逸，根本解决兰考排涝问题，这年11月上旬，焦裕禄主持县常委会又一次研究关于太行堤的问题。最后，明确了思路：由于太行堤水库的兴建，是当年中央的决策，"涉及河南、山东两

省，必须先报中央。"❶

1963年11月28日，国家水利部召集河南、山东两省、两地、两县代表进京，经三天协商，水利部最终裁决：拆除太行堤所有阻水工程。同时，豫鲁两省达成《关于兰考县与曹县太行堤阻水工程的协议》。❷

接下来，就是工程问题。在研究拆除太行堤所需工时的时候，负责起草规划的领导同志提出一年半工期。并称"已经做过详细的人力、工效计算"。

焦裕禄则希望尽快。因为迟一天解决，兰考人民就会多承受一天涝灾之苦。为此，他亲自率队前往考察，并制订了科学的工程方案。

1964年1月上旬，焦裕禄亲率两万民工施工。仅用7天时间，便将为患多年的太行堤相关阻水工程全部拆除。❸从此，兰考与曹县纷争数百年的水利纠纷风平浪静。❹

随着太行堤的打通，兰考东部洪水下泄，露出地面，焦裕禄又领导大家开始新一轮水情勘验，规划新的排水系统，先后疏挖较大排水河道161条。其中，大、中型河道14条，配套河道147条，拆除大小阻水工程100多处，基本恢复了水的自然流势。❺

疏浚河道，对于一个县而言，往往很难胜任。因为，一条河的上、下游，不可能仅仅局限在一县之境。兰考的几条主要排涝河流，都流入山东。倘若下游淤塞，上游怎么疏浚也难免泛滥。所以，河流的治理，通常是整个流域的治理。例如，国家对于黄河、长江的治理，就不能单靠一个省的力量，而是成立"黄河水利委员会""长江水利委员会"，统一协调整个流域的各个地区，彼此合作，把事情办好。兰考的河流虽小，也同样面临着跨地区的问题。

---

❶❷❸ 周长安等：《焦裕禄在兰考的475天》，中州古籍出版社2014年版，第132、133、156页。
❹❺ 《兰考县志》，中州古籍出版社1999年版，第312页。

例如，黄蔡河、贺礼河、吴河沟、吴信庄沟等，均属兰考排涝的重要河道，虽多次治理，但排水不畅，其主要原因，就是下游边界交接以下河段（山东境内）尚未治理。每逢汛期，河水倒灌，造成两岸涝灾。❶

为此，1964年年初，焦裕禄又主导兰考方面，与曹县多次协商，并推动河南、山东两省协商，对上述跨省河流按三年一遇的标准，进行疏浚治理。❷

我们可以毫不含糊地说，兰考的内涝，正是在焦裕禄领导下，一年内得到了基本缓解。

四、治理盐碱

盐碱滩的形成，与地下水相关。科学地说，所有的地下水，都不同程度含有盐碱。只是有些地方地下水位较低，水很难到达地表。在一些地下水位较高的地方，由于土壤的毛细作用，水很容易上升到地面。而地下水一旦上升到地面，盐碱的形成就是必然。因为在热与风的作用下，水分蒸发，盐碱不蒸发；水分再蒸发，盐碱仍不蒸发。这个过程无休无止，就在地表形成厚厚的盐碱层。

所以，比较干燥的土地，盐碱滩不会出现；常年积水，亦无盐碱之虞。盐碱滩都出现在地下水位较高，常年潮湿的地方。

20世纪60年代，兰考的地下水位普遍较高，距地表70厘米左右。因此，盐碱成灾便不难理解。

1. 曲折的过程

治碱，倘若在当今，会变得非常简单。兰考濒临黄河，把黄河

---

❶❷ 《兰考县志》，中州古籍出版社1999年版，第385~386、386~388页。

水放出，水退后留下厚厚的淤泥，不仅能将盐碱覆盖，连肥料都无须使用。其实，兰考盐碱滩最终被彻底根治，正是黄河放淤所致。不过，这是后话。当年，放黄河水，是难以想象的。

千里之堤，溃于蚁穴。黄河兰考段，属地上悬河，大堤稍有空隙都令人胆战心惊。1958年，毛主席在兰考视察黄河，曾问当地干部："大堤上掏洞的狐狸还有没有？"担心大家听不懂，又补充说："就是吃鸡子那个东西。"得知狐狸被消灭，洞穴都被灌浆填实，他满意地笑了，说："这个办法好。"❶ 日理万机的毛泽东主席竟将狐狸掏洞的事情谨记在心，可见黄河大堤之神圣。未经科学论证和充分准备，谁敢轻易于黄河大堤"动土"？

可以说，兰考"三害"的治理，唯盐碱滩最费周折。

起初是"开沟淋碱"。即在庄稼地上挖若干条水沟，利用雨水将盐碱渗流到沟内。但是，这个办法作用有限。因为，沟挖深了，水流不出去；沟挖浅了，盐碱依然会顺着沟边"爬"到地里来。

开沟淋碱治碱方略

后来搞"打埂躲碱"。这个做法我们前面曾提到过，就是在庄

---

❶ 中共兰考县委宣传部：《焦裕禄读本》，河南人民出版社2011年版，第389页。

稼的根部，堆放干燥的土块，利用盐碱上行的特点，把盐碱吸收，从而起到保护禾苗的作用。但是，这个做法费工耗时，收集许多干燥的土块也不易，而且不解决根本问题。

焦裕禄还曾自创"台田"。就是在庄稼地里纵横交错，开挖半米深，1米宽的深沟，把挖出的土堆积在3米见方的地块上。这样，既能将地面抬高，与地下水拉开距离，又可利用雨水将盐碱渗流到沟内，一举两得。焦裕禄亲自规划并身先士卒，领导韩村造出100多亩"样板田"，并获得丰收！但是，费九牛之力建造的"台田"，仅能用一年。一年后，盐碱依旧，甚至地沟的水都变成了红色。

当年焦裕禄自创的"台田"

最后，焦裕禄发现，群众"翻淤压碱"效果显著。于是，在全县大力推广。所谓"翻淤压碱"，就是把地面3尺以下的好土翻上来，盐碱土压下去。通常从地表到地下水水位，是盐碱滩的盐碱层。由于兰考地下水距地面70厘米左右，地表以下70厘米就脱离了盐碱层。

这一盐碱滩形成的原理，农民朋友们未必通晓。可是，他们在长期的生产实践中，却获得了"盐碱滩三尺以下是好土"的感性认识。"翻淤压碱"的想法，就是在此背景下产生的。

"翻淤压碱"想法的提出，使人们看到了希望，外出逃荒的村民大批返乡。"耕地盐碱化"这个国际公认的世界性的难题，就这样在兰考农民的铁锨下逐步消失了。

2. 不懈的"挑拨"

关于"翻淤压碱"的首创，有两个不同的说法。

"秦寨说"：有一次，焦裕禄来到重碱区秦寨大队，发现一畦青菜长得特别好，绿油油的，于是向农民请教。农民告诉他：盐碱滩三尺以下是好土。自家的菜园子，农民下死劲，掘地三尺，把好土翻上来，盐碱土压下去。

焦裕禄一听，非常兴奋。个人能翻菜地，集体当然就可以翻耕地，遂提出将秦寨全村土地，深翻一米以下。村民一听，群情振奋，说："我们几千口人，别说用铁锨，就是用嘴啃，也要把几千亩地啃掉。"灾区人民，太渴望有块好地了！

"黄口说"：1963年春节后不久，焦裕禄检查生产，路过重碱区黄口大队，看到一片麦田长得特别好，询问原因。生产队长告诉他："这是一块试验田，共18亩。原来是盐碱地，种什么都不行。后来有村民建议，把一米以下的'牛头淤'翻上来，把盐碱土压下去。据说，1953年，该村村民就曾这么做，小麦长到一人高。"

焦裕禄一听，很感兴趣，吩咐随行干部："记住，翻淤压碱，这个办法好，值得推广。如果全县的盐碱地都深翻，大片的碱荒一定能治好。"❶

两个说法，基本事实一致，即"焦裕禄在考察中发现农民'翻淤压碱'"。只是"翻淤压碱"的原创，究竟是秦寨还是黄口？两说均有鼻子有眼，信之凿凿。而且，即使是当地农民，现在也很难说

---

❶ 周长安等：《焦裕禄在兰考的475天》，中州古籍出版社2014年版，第63、64页。

得清楚了。

史实的混淆，很可能源于焦裕禄"另类"的工作方法。

秦寨与黄口，同属堌阳公社，而且是村挨村、地搭边的"邻居队"。当年"翻淤压碱"，两大队互不服气，暗中较劲，焦裕禄是"挑拨者"。

按照"黄口说"的讲法，焦裕禄初识"翻淤压碱"，是1963年4月12日。这天，他来到黄口大队，在独角楼村，惊喜地看到18亩"翻淤压碱"试验田。❶

之后，他就到秦寨大队，对大家说：你们与黄口，村挨村、地搭边，土质都一样，人家黄口那么大的决心，翻地三尺，秦寨就不行？黄口点了个捻儿，你们就不能放个炮？❷

秦寨人一听，激情燃烧，立即将除草、锄地等轻活交给妇女；全部男劳力，专门深翻压碱。7、8月的兰考，天气非常炎热。可是为了翻地，他们把"天"也翻着过——白天睡觉，夜里大干。仅两个月，秦寨竟深翻土地600亩，把黄口远远甩在后面。

焦裕禄看在眼里，喜在心头，又一次来到黄口。在干部和社员会上，他高度赞扬了秦寨人的志气，说："深翻压碱是你们黄口大队点的捻儿，可是在人家秦寨大队放了个炮，这不是墙里开花墙外红吗？"一句话，又在黄口燃起熊熊烈火。

黄口大队为赶超秦寨，紧急动员，发动群众，干部起早贪黑，身先士卒，从10月到年底，一鼓作气深翻压碱690多亩，又比同期的秦寨大队反超440亩。❸

这样，经焦裕禄反复"挑拨"，时而秦寨学黄口，时而黄口赶秦寨，明争暗赛，"硝烟四起"，不仅迅速改良了双方数千亩盐碱

---

❶ 周长安等：《焦裕禄在兰考的475天》，中州古籍出版社2014年版，第63、64页。
❷❸ 焦裕禄干部学院：《永恒的丰碑——焦裕禄的故事》，大象出版社2014年版，第116页。

地，并为全县盐碱滩的治理开启了波澜壮阔的局面。

然而，这种反复的"挑拨"，反复的"赶超"，却带来一个负面影响，那就是：观者眼花缭乱，只知翻淤压碱，难辨"原创"是谁。

3. 碱灾的消遁

无论"翻淤压碱"原创是谁，"秦寨说"和"黄口说"都承认：是焦裕禄慧眼识珠，及时将群众"铁锹挖出来的智慧"转化成了政策，并推广到全县。

今日兰考，已经完全见不到盐碱的踪迹。询问老农，盐碱滩究竟如何消失的？回答有两种：有人说是焦裕禄领导"翻淤压碱"，有人说是后来的"引黄灌淤"。两种解释，都说得通。

首先，从理论上讲，盐碱滩的真正绝迹，归功于"引黄灌淤"。

"翻淤压碱"不可能根治兰考的盐碱。因为，盐碱与地下水相关。翻淤压碱只是将地下的好土翻上来，地面的盐碱压下去。可是，兰考的地下水水位并未下降，水还是会缘土壤毛细作用上行至地面，盐碱仍会不断在地表郁结，盐碱化的趋势不可遏制。

但是，引黄灌淤对于兰考的碱灾，却无异于釜底抽薪。1966年10月，全国大旱，水源极缺。兰考县请示河南省委并获准引黄灌溉。正是在引黄灌溉过程中，人们意外发现黄河淤土非常肥沃，有利于改良土壤。于是，从1967～1977年，兰考县又锐意于灌淤改土。❶

水往低处流。灌淤发生在低洼之地，而盐碱滩也恰在低洼之地。这样，随着连续11年的灌淤，大量的黄河淤泥，将洼地渐渐淤平了。洼地被淤平，相当于地面的抬升。地面的抬升，则相当于地下水位的下降。从此，地下水再也不能到达地面，遂使盐碱绝迹。所以，兰考碱灾的消遁，最终应归功于引黄灌淤。

---

❶《兰考县志》，中州古籍出版社1999年版，第392页。

祸也黄河，福也黄河。兰考的碱灾缘黄河而来，最终又随黄河而去。大自然仿佛是一位哲人，在考验人类的智慧和意志。

其次，从实际上看，说焦裕禄"翻淤压碱"根治了碱灾，亦非虚言。

尽管从理论上说，土地翻过之后，会重新盐碱化。但是，这个盐碱化的过程极其缓慢，绝非三年五载就能形成弊害。昔日兰考的盐碱滩，那是千百年盐碱化的结果。

焦裕禄领导"翻淤压碱"是1963年。时隔三年，新的盐碱化过程未见端倪，便是1966年的引黄灌淤，盐碱一去不复返。所以，兰考的老百姓眼睁睁看着：为患千年的碱灾确实是在焦裕禄手中消失的。他们说的是心里话，也是人民真切的感觉。

客观地评价：焦裕禄翻淤压碱的功绩，就在1963～1966年这三年。三年在历史的长河中，不过弹指一挥间。但是，在兰考人民的现实生活中，却是望不到头的风霜雨雪。灾民要吃饭，每一天都要吃饭，不可能从1963年一直伸着脖子等到1966年的黄河灌淤。

说到这儿，可以做个总结。兰考的盐碱，是在焦裕禄的手中开始消失；兰考的内涝，在焦裕禄领导下一年内解决；兰考的风沙，是随着焦裕禄种下的树苗的成长，被逐步控制。因此，可以这么说，焦裕禄在兰考实际工作的时间虽然短暂，仅仅一年零三个月。但在这短暂的历史瞬间，他年轻的生命，却像一道强烈的闪电，为他所领导的人民迸发出了新生活的希望！

在宣传焦裕禄事迹的过程中，有个别干部酸溜溜地说："焦裕禄到兰考，不就一年零三个月嘛，他就是条龙，又能吸多少水？他浑身是铁，又能打多少钉？"

此说，未免失之庸俗。我们以焦裕禄挖河为例：兰考有一条主要排涝河——贺礼河。焦裕禄领导疏浚河道，亲自下河背沙袋。扛起沙袋，被压趴下；又扛起，又被压趴下；第三次被压趴下，再也站不起来。最后,不得不被扶到河堤上休息。

请问,我们能庸俗地去计算这天上午焦裕禄扛了多少沙吗?须知,正是这件事,不胫而走,数日之内传遍了全县,激起一个全县性的挖河高潮!农民们议论纷纷说:"人家是县委书记,人家还有病,都豁着命干,咱为什么不干!"人心都是肉长的,优秀干部人格魅力的影响,是不能以机械的加减乘除来计算的。

说到人格,似乎有一种反比例。那就是:人格越伟大,体格越虚弱;事业越辉煌,生命越憔悴。尤其在艰难困苦的年代,这种情况尤多。焦裕禄就是这样——他活的时间太短了。

干部带头掀起全县性的挖河高潮

五、英年早逝

1. 逝世

焦裕禄是1964年5月14日去世的,终年42岁。肝癌夺去了他的生命。

读者已知,焦裕禄是以抱病之躯到兰考赴任。来到兰考,生活艰苦，工作紧张而又繁重，健康状态每况愈下。时下流行一句话，"如果你不抽出时间休息，你就得抽出时间来得病"。可是，焦裕禄莫说抽出时间休息，为了工作，他甚至连看病都舍不得抽出时间。

据焦裕禄妻子徐俊雅后来回忆，到兰考以后，焦裕禄的肝确实是一天比一天疼得厉害，但是，无论怎么劝他到医院，他总是说："工作忙，等闲了再说。"

我们可想而知，兰考，有人把它叫"永远填不满的穷坑"，而焦裕禄又是一个责任心极强的干部，工作能做得完吗？这样，有病不治，病情恶化。

肝癌的痛苦，正常人是难以想象的。一次偶然的经历，笔者曾在医院病房目睹一位肝癌患者，整整一夜，喊得撕心裂肺！医生介绍，所有癌症，最不堪忍受的就是肝癌。因为肝脏有覆膜限制，肿瘤在肝脏内部生长、膨胀，外面腹膜紧紧包裹，所以它所造成的疼，是持续的痛彻心扉，止疼药亦无能为力。

焦裕禄不进医院，他采取的办法是用硬物抵押疼痛的部位。所以，他初到兰考，大家都感到奇怪，寒冬腊月，他棉衣的第二和第三颗扣子永远是不扣的，左手经常揣在怀里。后来才明白，他是用手指悄悄压着疼痛的肝部。笔者曾就此询问医生，医生答复：这样做可以暂时减轻疼痛，因为从外部施加一个力，肝脏覆膜的内压会减轻。

正因为如此，焦裕禄经常用抵押的方法缓解疼痛，有时用手指，有时用其他硬物。他的家里，笤帚、刷子、茶缸盖、钢笔杆，这些东西都摆在他可以随手拿得到的地方，都成了他止痛的器具。在办公室，他为了腾出手来撰写或翻阅文件，经常使用茶杯的一端顶着椅子，另一头顶住肝部。这样，天长日久，焦裕禄办公室的藤椅，竟被顶开一个碗口大的洞！

焦裕禄去世后，县委干部刘俊生出于对老上级的崇敬和怀念，将这把藤椅收藏起来。如今，这把藤椅陈列在焦裕禄纪念馆。藤椅上的大洞，向人们默默地诉说着，一个人为了工作承受了多么大的痛苦！目睹藤椅上的大洞，即使是一个健康的人，都禁不住肝部隐隐作痛。

有一种情况最不堪忍受，就是有时稍有不慎，借以抵押肝部的硬物突然滑落，剧烈的疼痛骤然释放，甚至能把他疼得从椅子上栽倒，能从自行车上弹下来！

焦裕禄经受着病痛的折磨，县委的同志们看在眼里，疼在心里，多次督促他到医院，可他总是付之一笑。他是县委书记，在兰考的地面上，进不进医院，他说了算。

1963年12月4日至8日，兰考县第四届人民代表大会召开，焦裕禄所作的《形势报告》让全县人民为之精神振奋。❶ 代表们望着主席台上的焦书记，百感交集。他眼窝深陷，颧骨高耸，面色灰青，短短一年光景，一边是兰考县的巨大变化，一边是焦裕禄形瘦骨立，讲着讲着，许多代表落泪了。

焦裕禄是1964年5月去世的。正是在这年的1月26日，他在开封地委参加会议，肝病再次发作。大家眼见他用左手紧紧抵住肝部，疼得满头大汗，一致劝他住院治疗。但是，他仍然坚持说："年初要安排一年的工作，现在不能住院。"地委书记张申实在看不下去，命令他住院治疗。可是，他刚到医院，又从医院失踪，出现在兰考县。

万般无奈，同志们只好把一位老中医请到县委，开了药方。可是，焦裕禄又嫌药贵，舍不得买，说："咱兰考是个灾区，群众的生活很苦，这么贵重的药，我咽不下去！"后来，县委的同志背着他取了3服药。但仅此3服，他执意不再用第4服药。

---

❶《兰考县志》，中州古籍出版社1999年版，第206页。

众所周知，20世纪60年代，我国城镇都实行公费医疗政策。而那时的中药，价格普遍低廉，即使是名贵中药，也绝不会贵到哪里去。可是，焦裕禄就是这样的人，为人民呕心沥血至生命垂危，吃药还要惦念着人民群众的生活，舍不得花钱。这样的干部，怎能不深受群众爱戴！我们党有这样的干部，事业怎能不发达！

在那个令人伤感的春天，焦裕禄的病俨然已成为兰考的干部和群众最揪心的一件事。许多同志来到县委，第一句话总是要问一问焦裕禄的身体，总希望哪怕是远远地看他一眼。

1964年3月22日，大家都注意到，焦裕禄已经病得脸色发青了。县委的同志们终于按捺不住，他们集体决议，不由分说为他买好了火车票，要强行送他去治病。可是，临上车却找不到人，他又忍着肝疼下乡了。

正是这天晚上，他的肝疼了整整一夜。妻子徐俊雅看他强忍疼痛，甚至连烟嘴都被咬碎，实在不忍心，提出请医生来注射止疼针。他劝阻说，"深更半夜的，麻烦人家不好。"这样，焦裕禄疼了一夜，徐俊雅哭了一夜，一直熬到第二天清晨，他用手顶着自己的腹部，在妻子的搀扶下，弯着腰走到了火车站。

站台上，送行的同志无不挥泪，说："焦书记你去安心治病吧，我们一定把工作做好。"焦裕禄临上火车也说："我一定会回来的，一定会回来和大家一起工作。"这么说着说着，火车开走了。但是，焦裕禄再也没有回到兰考。

焦裕禄最后的日子，是在河南医学院第一附属医院的病房里度过的。❶ 兰考县委干部赵文选奉派陪护就医。当他得知焦裕禄患的是"绝症"，堂堂五尺男儿，竟当场放声大哭！他哀求着说："医生，我求求您！我们兰考是个灾区，我们36万人民离不开他，您把他治

---

❶ 河南医学院后改称"河南医科大学"，现隶属于郑州大学。

第六章 改天换地

好,我们全县人民感谢您的大恩大德!"他一边哭,一边诉说焦裕禄在兰考的事迹,在场的医护人员全都流下了眼泪。

可是,面对肝癌晚期的焦裕禄,医生们回天无力。护士噙着眼泪给他注射止疼针,可是,当焦裕禄得知自己身患不治之症,冷静地摆摆手说:"我不需要了,省下来留给更需要的人吧!"他诚恳地谢绝打针、吃药,不愿再为无谓的治疗而花费公款。甚至在弥留之际,仍念念不忘嘱咐同志们:"我们是灾区,我死了,不要多花钱。"

焦裕禄生命最后的40多天,也许是他一生中最清闲的日子了。那些日子,他完全是躺在病床上度过的。可是,人在病床,他的心却依然眷恋着那块他誓死效忠的土地。他念念不忘,时时刻刻都在想兰考的父老乡亲,想看一眼改良后的盐碱地上的麦穗。甚至在昏迷状态,他还断断续续对徐俊雅说:"我听外边走廊上有人说,兰考下了大雨,你快去问问。"

据县委干部刘俊生回忆,他每次到医院探望,身体孱弱的焦裕禄从来不谈自己的病,几乎是一刻不停地询问。问县里的工作和生产,问张庄的沙丘是否变绿?赵垛楼的庄稼淹了没有?秦寨盐碱地上的麦子长得咋样?老韩陵又栽了多少泡桐树?听刘俊生说,"深翻过后的盐碱地,麦子长得很高,麦穗也大。"他显得特别高兴,并嘱咐:"下次来,给我拍一张麦田的照片,带一把盐碱地上的麦穗。"刘俊生答应着,把脸扭向窗户,禁不住流下了眼泪。

卧病在床的焦裕禄,最希望看到的是兰考的农民百姓。兰考的乡亲们,也无时不在惦念着他们挚爱的县委书记。当他们得知焦裕禄病重住院,常常远道而来,送上新鲜的鱼和鸡蛋。但是,所有这些东西都被悉数退回。英雄躺在床上,同样是一座高不可逾的山峰!

焦裕禄一生两袖清风,身后未留分文。身为行政14级干部,当年也算高薪阶层。但是,他的衣服补了又补,生活极其清贫。工作那么多年,唯一的一次返乡探母,还是找到县长程世平,从县委同志们的互助组织私人借款 300 元。然后省吃俭用，以工资余款还债。直至去世时，仍欠 200 元。

焦裕禄的女儿焦守凤回忆，父亲临终叮嘱："爸爸工作几十年，也没啥好留给你的，这套《毛泽东选集》给你，毛主席会教你怎样工作，怎样做人……"❶

1964 年 5 月 14 日，这位豫东平原上的巨人，兰考人民最忠诚的儿子，共产党的好干部，终于闭上了他的眼睛。这年，焦裕禄 42 岁。

2. 评价

焦裕禄曾立下誓言："不改变兰考面貌，我决不离开那里。"一年后，他将自己年轻的生命，献给了那块他挚爱的土地——他没有离开兰考。

我们的社会上，似乎总有一些"蝙蝠人"。他们倒挂在树上，眼睛中的事物总是翻转的。英雄倒下了，善良的人们无不痛惜。可是，总还有一些人站在旁边说三道四。有一位所谓的作家，煞费苦心地发了一通自以为很聪明的言论。他这么说：

"1980 年，我再次到兰考。县委书记对我说，兰考的集体的大队小队在一夜间便消失了。而只用一年多的时间，兰考百姓就扔掉了讨饭棍。

"兰考县委书记感慨万千。他说：按水平按能力，我们比焦裕禄那届县委班子差多了，但是焦裕禄他们把命搭进去，也没有让兰考改变面貌，我们这一届县委却让兰考初步解决了温饱。看来关键在于制度。不改变原来的大锅饭的体制，我们再拼命也没有用。"❷

文内提及一位县委书记。这位县委书记是否存在，是否确曾口

---

❶ "爸爸的凝视——访焦裕禄的女儿焦守凤焦守云"，《河南日报》1990 年 5 月 16 日。
❷ 焦裕禄累死为何没能改变兰考［EB/OL］. http：//news. takungpao. com/history/wengu/2014 - 03/2383172. html.

出此言，此话产生的背景是什么，笔者不得而知。但是，必须指出：这段话是极不恰当地用"我们的今天"抹黑"我们的昨天"。

过去的中国农村，走的是集体经济的道路；今天的农村，通过改革，普遍实行联产承包。联产承包固然成就巨大，可是，我们能将当年的集体经济说得一无是处吗？

什么叫做"再拼命也没有用"？

客观地讲，集体经济在抗御自然灾害方面，有其特殊优势。例如，防风须种树，若无统一规划，一家一户，各栽其树，很难形成科学的防护林带；排涝要挖河，若不统一组织，单门独户，河怎么挖，在哪里挖，根本无从谈起。而且，土地分给个人，挖河要征地，国家困难重重，有那份财力吗？

说改革开放"只用一年多的时间，兰考百姓就扔掉了讨饭棍"。须知，改革开放也是在当年改造兰考的基础上发生的。当年种下的"焦桐"，为改革开放挡住了风沙，为兰考的新兴产业提供了板材；当年开挖疏浚的河渠，为改革开放排泄了洪水、提供了灌溉；焦裕禄培养的干部与群众，为改革开放储备了力量。这一切，谁能否认？

历史是发展的，我们的"昨天"与"今天"是衔接的，改革开放前的30年也是共产党领导人民艰苦奋斗的30年！所以，不要总是企图用我们的"今天"来抹黑我们的"昨天"。总希望将我们辉煌历史中的一段抹黑，这种人的心理是阴暗的。

他们的话，让我联想到那个"吃包子的故事"——某人吃包子，吃到第8个，肚子饱了，认定：只有第8个包子才是好包子……

尊重历史，客观评价兰考焦裕禄时代的成就，应当承认：兰考的"内涝"是在焦裕禄同志领导下，一年内解决的；兰考的"盐碱"，也是在焦裕禄同志任内开始消失；唯独"风沙"，直至焦裕禄去世，依然十分强劲，可是焦裕禄领导大家种下了树苗。正是那些树苗的成长，最终阻挡了兰考的风沙。所以，即使站在改革开放后的今天，回望那一段历史，也同样是伟大而辉煌！应当承认，焦裕禄事实上已经改变了兰考的面貌。

但是，我们这位共产党人决心不折不扣地用生命践行自己的诺言。他留下遗嘱："我死后只有一个要求，要求组织上把我运回兰考，埋在沙堆上。活着我没有治好沙丘，死了也要看着你们把沙丘治好！"❶

3. 安葬

中国人重葬，往往以生命归宿体现毕生追求。葬身之地，有人选风水，以期福荫后人；有人爱故乡，讲究叶落归根。

东汉年间，贵州边关危机，"伏波将军"马援年过花甲，请缨出征，誓言"男儿要当死于边野，以马革裹尸还葬耳"。"死于边野"，何其悲壮！可是，终了还是要求尸归故里。

宋代陆游《示儿》诗立意高远："死去元知万事空，但悲不见九州同。王师北定中原日，家祭毋忘告乃翁。"书生忧国，至死不坠其志，令人钦敬。但其安葬之地，却选定山清水秀的会稽云门山。

清代龚自珍尤其豪迈，所撰《己亥杂诗》，将东汉"马革裹尸"名句更推进一步，发出"青山处处埋忠骨，何须马革裹尸还"的绝响。然而，徒闻其声，未见其行。48岁的他辞官南归，次年卒于江苏云阳书院。

与诸多文人武将不同，焦裕禄没有口出"马革裹尸"的豪言，也未写下"青山处处埋忠骨"的诗句，但是他却实实在在做到了"决不离开那里"，将自己葬身于兰考的沙丘！而且，他不是兰考人，他的故乡在山东淄博。

---

❶ "焦裕禄同志为党为人民忠心耿耿——中共河南省委号召全省干部学习已故前兰考县委书记为人民服务的革命精神"，《人民日报》1964年11月20日。

焦裕禄最初被安葬在郑州市烈士陵园。这是正常的。因为，他是在党组织看望他时，提出将自己"葬在兰考的沙丘"。面对年仅42岁的他，当时的党组织只能是尽一切力量挽救他的生命，鼓励他战胜疾病，不可能安排他的后事。

但是，焦裕禄去世后，河南省委认为，应当尊重他的遗愿。于是，1966年2月26日，焦裕禄灵柩由郑州移送兰考。也许焦裕禄做梦也想不到：生前的他，连一次轿车都舍不得坐；死后，中华人民共和国铁道部竟破例为他的移灵动用了一辆专列！

移灵悼念大会

迁葬那天，兰考县万人空巷，火车站人山人海，天刚刚亮，大家就胸戴白花，眼含热泪，在冬日的寒风中伫立。街两边挂满挽联，上万群众自发披麻戴孝。当焦裕禄的棺木刚刚在街头出现，潮水般的群众便不顾一切地涌上前去，齐刷刷跪倒在地，放声痛哭。棺前的人们，退一步，磕一个头；两侧群众，抚棺木前行，泣不成声，说："焦书记，您是为我们兰考人民累死的！我们对不住您。""您不能走，我们离不开您。"兰考火车站距墓地仅1.5公里，竟走了足足两个半小时。

| 好书记焦裕禄

焦裕禄要求把自己葬在这里，守望这片荒土

对兰考人民而言，1966年的2月26日是一个泪水浸泡的日子。那是一个阴天——苍空含黛，大河呜咽，多灾多难的兰考人民以泪洗面，迎回了他们最优秀的儿子、已故的县委书记。墓穴的填埋，没有用铁锹，完全是群众跪着、虔诚地手捧着黄土，一捧一捧地把棺木覆盖。

悲痛欲绝的人民群众

直到很多年以后，在兰考不能提"焦裕禄"三个字，一提人们就伤感，一提人们就流泪。一位老汉这么说："我们觉得对不住他。你想想，人家是县委书记，放着好日子不过，跟着咱农民受那么多罪，把心肝都埋在沙堆里、盐碱地里。可他种下树苗，却没能看到它们长大;他种下小麦,却没有亲口喝一碗面汤。所以,老百姓一看到泡桐树,心就难受;吃一口馒头,都禁不住想哭。"

总之,焦裕禄在兰考,虽然仅仅一年多时间,可是,整个兰考大地,到处都留下了他的足迹。风霜有知,草木含情。兰考的一草一木,触目惊心,都能让人想到这位为人民鞠躬尽瘁的好干部。人们传诵着、念想着,一年年过去了,焦裕禄感人的事迹一桩桩、一件件地在兰考大地上流传。

六、今日兰考

焦裕禄是事业心极强的干部,为事业不惜奋命一搏。通常,事业型的干部最大的幸福,莫过于亲眼看到自己为之奋斗的成果。然而,非常遗憾的是,焦裕禄倾尽全部心血浇灌那块土地,顶风治沙,翻淤压碱,冒雨排涝,在风沙泥水中摸爬滚打一年多,到头来竟未能看到他领导大家种下的麦子成熟。

中原的小麦,10月播种,次年6月成熟。焦裕禄到兰考赴任是1962年12月6日,次年6月收获的小麦是别人种的;1963年10月,他领导大家种下了小麦,可是次年5月14日,小麦即将成熟的时候,他带着遗憾走了。农民朋友们可能最理解此刻的焦裕禄。所以,有位老农提到焦裕禄,只说了一句话——"他种下小麦,却没有亲口喝一碗面汤",便情不自禁哽咽、流泪。

焦裕禄太希望看到他亲手种下的麦子了!卧病在床,同志们前来探望,这个平时连给自己拍一张照片都舍不得的人,竟要求刘俊生拍一张麦田的照片给他看!乡亲们送鱼、送鸡蛋他婉拒,却眼巴巴地要求同志们为他带来一把盐碱地上的青麦!

苍天不负真情。其实,仅仅在他去世半个月以后,兰考的麦子就开镰收割了,收成特别好!在兰考县委大院,焦裕禄遗像前,不知是谁摆放了两把丰收的麦穗。大家从那里经过，都禁不住潸然泪下。说："如果焦裕禄同志活着，看到这么好的收成，他该是多么兴奋啊。"

正是在焦裕禄去世的第二年（1965年），兰考再次遭受极端天气的侵袭。春季大旱68天，但有他领着挖好的灌渠，庄稼依然茁壮成长；秋季连降384毫米暴雨，但有他领着疏通的河道，全县没有一个大队被淹；全年刮了72场大风，但兰考的沙丘被封住了，再也没有被风沙掩埋的庄稼地。正是这一年，兰考实现了历史上第一次粮食自给！

焦裕禄不在了。但是，他的政绩在——那些河在，那些树在，他规划整治的土地在，他的大无畏精神唤醒了兰考人民与自然灾害抗争的自信，他崇高的精神以及他与"三害"斗争的经验，无时无刻不在引领着兰考人民。

直到很多年后，在兰考除"三害"办公室的迎面墙上，仍然昭示那段除"三害"警语——

治沙：沙区没有林，有地不养人，这是基本情况；有林就有粮，没林饿断肠，这是重要性；以林促农，以农养林，农林相依，密切配合，这是方针；造林防沙，百年大计，育草封沙，当年见效，翻淤压沙，立竿见影，三管齐下，效果良好，这是方法。

治水：兰考地形复杂，坡洼相连，河系紊乱，这是客观情况；以排为主，灌、滞、涝、改兼施，这是方针；舍少救多，舍坏救好，充分协商，互为有利，上下游兼顾，不使水害搬家，这是政策；夏秋两季观察，冬春干燥治理，再观察再治理，观察治理相结合，这是方法。

治碱：分清轻重，区别对待，这是方针；翻淤压碱，开沟淋碱，打埂躲碱，台田试种，引进耐碱作物，这是方法。

这段精辟的总结，每一个字，都是焦裕禄心血的结晶，是他对兰考人民"除三害"斗争的真实写照,同时也是焦裕禄逝世之后,继续引领兰考人民将"除三害"斗争推向纵深的精神宝典。

半个世纪过去了,正如那棵倔强的"焦桐",从一根纤细树苗成长为傲立于苍穹之下的巨木,兰考这个昔日所谓"永远填不满的穷坑"也日新月异,成为镶嵌在豫东平原上的一颗熠熠生辉的明珠。

1. 兰考的农业

兰考的变化,的确堪称翻天覆地。旧时因洪水、流沙的肆虐,兰考人外出,往往找不到家门。如今外出的兰考游子,回乡亦往往尴尬,印象中的沙丘、盐碱等"地标式景观"荡然无存,一片林茂粮丰,恍若隔世。

今日兰考美丽的田野

2005年,刚到河南任省委书记的徐光春曾谈到一件趣事。有一天,他想去兰考看看。出发前妻子电话嘱咐,一定要穿好衣服,注意风沙。谁知,到兰考一看,风沙早成陈旧事,满目稼穑尽葱绿,他还以为是走错了地方!

兰考出了焦裕禄,引起全国的关注。焦裕禄精神,也的确让兰考不负众望。

如前所述，兰考1965年实现粮食自给。此后，兰考的粮食生产稳步增长，一发不可收。即使在"文革"时期，依然步履坚定。到1976年，兰考已上缴国家3 000万斤粮，100万斤皮棉，80万斤油料。

1973年秋，河南省委书记刘建勋陪同商业部部长姚依林，在兰考考察了整整5天，看到昔日逃荒要饭的重灾区竟成鱼米之乡，感慨万千。姚依林无意间提及大庆油田副食品紧缺，黑龙江省过年也只能给他们500头生猪。时任兰考县委书记的张钦礼立即决定，派专人为英雄的大庆油田送去1 000头生猪、60吨粉丝、120吨酒。

改革开放以后，兰考的农业更是突飞猛进，屡屡在全国引起关注。

2003年，兰考小麦出口韩国和印尼。❶

2006年，兰考大米热卖京城。❷

2013年兰考县粮食总产量更高达10.2亿斤，实现"十连增"。按全县人均年消费800斤粮食计算，尚有余粮4亿多斤。农民人均纯收入6 756元，同比增长12.9%，增速高于全省平均水平。

在农业科技方面，兰考对全国亦有突出的贡献。土生土长的农民育种专家沈天民，先后培育出30多个小麦高产新品种，其中超级小麦"兰考矮早八"连续6年亩产稳定在683~735公斤，最高亩产达812.8公斤，创下了黄淮麦区稳产单产最高纪录，兰考因此而成为全国唯一的"超级小麦"育种国际合作基地。

兰考的今天，让很多人难以想象。当年那个年年要靠国家救济才能生存的县，大批村民不得不逃荒要饭的县，吃粮靠救济、花钱

---

❶ 人民网2003-05-29。
❷ 新华网2006-03-16。

靠贷款、干部十二愁的豫东"穷坑",竟在焦裕禄精神的感召下幻化得如此出类拔萃。

今日兰考,有小麦、玉米、水稻、花生、棉花、蔬菜六大农产品生产基地,其中粮食、棉花、油料产量居全国百强,是全国绿化高级达标县,全国商品粮基地县,全国50个生态农业示范县之一,同时也是(国家)外专局命名的全国唯一的高产小麦示范区。[1]

其实,一个地区粮食收成如何,有时无须看产量,某些感性指标亦颇说明问题。兰考九龙宾馆服务员谈到一件趣事:一位徐州客人来兰考,清晨散步,刚出门就慌慌张张跑回宾馆,连免费早餐都没顾得吃,又赶回了徐州!原来,他发现市场猫价每只上百元,徐州离兰考仅200公里,一只猫才十多元。三天后,他贩来大批的猫。

"猫价"是测评地方粮食生产的社会性指标:猫价贵,说明粮食丰收。因粮食多,则鼠多。鼠多,猫价必飙升。一只老鼠,一年要吃掉20多斤粮食;一对成年鼠,一年可繁殖七八十只小鼠。猫每餐一鼠,年创造价值非常可观。近年来,兰考市场猫价远远高于周边地区。

2. 兰考的林业

可能连焦裕禄自己也没有想到,他开创的"农桐间作"治理平原沙区模式,不仅促成了农作物产量大幅提升,同时也为兰考开创了一条以林木加工为特色的工业化道路。

兰考的林业,以泡桐为主。20世纪60年代,在焦裕禄领导下,兰考种下了第一代泡桐树。70年代,正是随着第一代泡桐的成材,兰考成为中国重要的泡桐原材生产基地之一。

走进兰考县境,田间、地头、路旁、村院,无论哪里,都能看

---

[1] 周辰良:"产业集聚带动兰考转变",河南产业集聚区网2013-07-04。

到一排排一片片高大粗壮的泡桐树。全县有农田林网 36 万亩,农桐间作 56 万亩,大中小生态防护林体系配套成龙,林木蓄积量更高达 300 万立方米。❶ 河南省平原绿化高级标准是林木覆盖 15% 以上,兰考是平原县,林木覆盖率却高达 24.5%(根据 2007 年 6 月 21 日《人民日报》)。近年来,兰考北方平原县区,昔日的风沙肆虐之地,在全国林业评比中,屡屡脱颖而出,先后被评为"全国林业百强县""全国平原绿化先进县""全国绿化模范县"。

泡桐产业,俨然已成兰考地方性产业的支柱。相关从业人员 4 万多人,全县现有板材加工企业 400 多家,个体加工户 5 000 多家,规模以上林业企业 50 多家,年加工量 7 万余立方米,产值 50 多亿元。全县最大的企业和纳税大户,均是泡桐开发企业。❷

但是,兰考最初的泡桐,仅仅是作为原木出售,用来做风箱、电线杆、家具、造船、建材等。赵垛楼村党支部书记王军回忆:"焦书记领导种泡桐,不但挡了风沙,还在 10 年后让村里摆脱了债务。"1975 年,他担任党支部书记,该村经济非常困难。他们植小树,伐大树,将焦裕禄在 1963 年、1964 年推广种植的泡桐全部更新。当年更新下来的老泡桐,一下子就卖了 10 多万元,将赵垛楼村饥荒时期的借贷全部还清。

不过,这些陈年往事,也常常让农民痛悔不已,说"猪肉卖个白菜价"。兰考泡桐的真正价值,体现在高贵的音乐殿堂。

桐木造琴,古已有之。兰考泡桐,更堪称造琴之极品。说起来颇有几分传奇,兰考泡桐登音乐大雅之堂,竟与百姓烧饭用的风箱相关。

风箱制作,是兰考的传统工艺。泡桐板材,质地轻,弹性好,

---

❶ 周辰良:《产业集聚带动兰考转变》,河南产业集聚区网 2013 – 07 – 04。
❷ 徐光春:"关于兰考县推进科学发展的调查与思考",《河南日报》2009 年 5 月 27 日。

是做风箱的好材料。当年焦裕禄为推动兰考副业生产,曾亲自指导堌阳双杨树大队举办风箱制作培训班。兰考的风箱,靠货郎担售,也一度小有名气,卖到省内外,只是市场有限。

20世纪80年代,一个偶然的机会,上海民族乐器厂慧眼识珠。该厂做板胡的音板,原取材于浙江,音质不佳。后来工人发现一种风箱的材质不错,拆下来装在板胡上,竟然音色曼妙。于是他们追根溯源来到了兰考。缘此,兰考泡桐一炮走红,被业界美誉为"兰桐"。

1992年,轻工业部专门组织专家到兰考考察,认为兰考泡桐木质疏松度适中,透气、透音、轻灵,是制作古筝、琵琶等乐器音板的最佳材料。

1995年,北京乐器研究所把全国十几个地区的桐树木材加以比对鉴别,得出结论:兰桐是一种"会呼吸的木材",是制造民族乐器音板的首选。

前人栽树,后人制琴

第一,它纹理均匀,透音性好。木之纹理,取决于根。倘若根系盘根错节,木纹就会紊乱,使透音性受损。兰考沙地,泡桐根恣意伸展,所以"兰桐"木纹流畅,透音透气。

第二，耐腐蚀，不变形，共振性强。此点当与地下水相关，"兰桐"是"盐碱水"浸泡出来的。加之这一带是沙土地，昼夜温差大，独特的自然条件，使这里的泡桐材质疏松却宁折不弯，是制作乐器音板的绝佳材料。

但是，最初的兰考，也仅仅是为上海的国营乐器厂输送板材。每立方上等"兰桐"的市场价格不过 1 800 元左右，而每立方原木开出的板材，却可以做 20 架古筝。按每架古筝售价 1 500 元计算，除去工本，泡桐的价值就可翻 10 倍以上。

从 1993 年，兰考的泡桐产业开始向高附加值行业迈进。他们重金聘请制琴师傅，直接在当地创办民族乐器制造厂。这样，精良的板材，辅以精湛的技艺，经数十年发展，如今，兰考所产古琴、古筝、琵琶、柳琴、扬琴、二胡、板胡、马头琴等乐器，源源不断销往全国各地及日本、新加坡、马来西亚等国。目前，在兰考首开先河，制造民族乐器的河南中州民族乐器有限公司，已成全省规模最大的民族乐器制造企业，年产值 4 000 多万元。2000 年 8 月，中国民族乐器的龙头企业——上海民乐一厂也在兰考投资办厂，生产古筝和琵琶。

兰考泡桐树做成的乐器

据统计，今日兰考，乐器产业 24 家，行业总产值 15 亿元。不仅大量产出品类齐全的民族乐器,而且为全国90%的民族乐器提供音板,成为当之无愧的"国家民族乐器音板生产基地"。尤其古筝、琵琶等中国民族乐器,95%用的是兰考泡桐。[1] "中州乐器"的品牌,也因"兰桐"而声名远播。与此同时,兰考民族乐器首觞之地堌阳镇,更在中国音乐界大名鼎鼎,被业内誉为中国民族乐器之乡。

乐器属典型的高端消费。乐器制造业发祥于流光溢彩、夜夜笙歌的都会城市,似乎更合乎规律。兰考是何等地方?刚刚自盐碱风沙中挣扎出来的人们竟然制造乐器,甚至在全国出类拔萃,简直像从天上掉下来的怪事!然而,这一切却真实地发生了——肇始于泡桐,肇始于焦裕禄。

泡桐造就了兰考的产业,产业带来了农民的富足。据兰考县林业局有关负责人介绍,如今,遍布兰考1 000多平方公里的泡桐树,造就了广泛的就业机会。农民们在家门口就业,下班就能回家照顾父母孩子。泡桐原木也从过去每立方米七八百元到如今的2 000元左右,被兰考农民喜称为"绿色银行"。房前屋后,庭院地头,有空地就种上几棵泡桐,已成为兰考人的一种生活习惯。

故人已逝,泡桐犹在。前人栽树,后人乘凉。泡桐是焦裕禄精神的见证,也是焦裕禄留给兰考人民的宝贵财富。在兰考焦裕禄学院的对面,那棵巨大的桐树,是当年焦裕禄亲手所植,当地人亲切地称之为"焦桐"。

"焦桐"?笔者不禁心头震撼——"焦桐"是古琴的别称!《后汉书·蔡邕传》载:有人以桐木烧饭,"邕闻火烈之声。知其良木,因请而裁为琴,果有美音,而其尾犹焦,故时人名曰焦尾琴焉。""焦尾琴"享中国古代"四大名琴"之誉,因其以桐木制做,亦称"焦桐"。

---

[1] "兰考成为全国乐器音板定点生产基地",映象网2014-04-01。

兰考的百姓，未必知晓这一典故，却脱口而出，将焦裕禄所植之桐称为"焦桐"！而焦裕禄所植之桐，恰恰又因琴瑟而辉煌！这一切是偶然的吗？我们留待后人遐想。

然而，有目共睹的是，这棵泡桐树，真真切切站在那里，被当地百姓精心呵护，它俨然已成兰考人民心目中最神圣的"精神图腾"。

3. 兰考的念想

焦裕禄在兰考仅仅一年多时间，他的离去已达半个世纪。可是，在兰考走访，无论走到哪里，总感觉他还活着，他的音容笑貌时刻都伴随在身边。

泛黄的笔记本。孙世忠是兰考县葡萄架村原支部书记。他的泛黄的笔记本上，记录着焦裕禄电话会议的讲话。时间是1964年3月12日，距离焦裕禄病重住院只有11天。会议内容为："抓紧时间关心群众生活，社员有劳有逸"，"大量给群众讲政策，讲花生奖励政策"，"不准买汽车马车，主要买架子车和牲口"，"送肥料运输不要叫小孩拉"，"救济金要落实"……这位耄耋老人眼睛里闪烁着泪光说："焦书记讲的话，我们现在还爱听。"

耩麦的旧耧。双杨树村村民李成祥今年86岁，逢人就说："焦裕禄俺俩一块儿拉过耧、种过麦。"

那是"1963年秋天，由于内涝，麦子一直没种上，眼看着就要错过时节。一天下午，焦书记来到俺们村，问能种麦吗？社员们说地太湿，不能种。焦书记说，能不能种试过才知道。他叫大家拿上耧、带上麦种，到地里试试。"

"当时两个人拉一条绳，我和焦书记拉着一根绳子，他在前边，我在后边。看着一个县委书记给咱拉耧，我心里那种感动别提了，就觉得浑身有使不完的劲儿。"老人说，从第二天开始，双杨树村每天出动100多人，在泥巴窝里拉耧种麦，很快完成了播种任务。"现在我想起他就难受,他给村里打下了好基础。"说着说着,老人掉下了眼泪。

后来,老人一直珍藏着和焦裕禄一起拉过的耧。老人家的相框里,镶着一幅焦裕禄的照片。

不准拆的老屋。双杨树村 67 岁的村民姚留学,至今守着他的一间老屋,不准翻新。因为,焦裕禄曾在这间老屋开过座谈会。

从 20 世纪 60 年代,姚家老宅已历经 4 次改建。唯独这间临街老屋,风吹雨打几十年,早已破败不堪,却一留再留。儿女们都劝姚留学把老屋拆了重建,既扩大住宅面积,也能做店铺增加收入。可老人不同意,说:"我一天不死,就会守着这间老屋,因为焦书记在这召开过座谈会。"至今,他依然清楚地记得,焦裕禄坐在砖头上,如何与群众商量克服困难的种种办法,帮助村里解决问题。

焦裕禄去世后,每年清明,老人家和村民都会自发组织起来,带着自家地里产的红薯、花生、麦子、水果等去焦裕禄墓前吊唁,几十年来从不间断。

"焦桐"的守护人。"焦桐"树下,总能看到一位老人。不论春夏秋冬,完全是尽义务,给焦桐浇水、施肥、精心洒扫。他的名字叫魏善民,附近朱庄村人,今年 72 岁。

魏善民回忆道:"1963 年 2 月,焦书记来到朱庄村,见这儿离风口近,风沙太大,烧饭时都要挂着帘子,一顿饭做完,锅台上、锅盖上满是沙土。3 月,焦书记又来了,领着全村种泡桐。眼看着泡桐长大了,风沙没有了,可是他不在了。"

老人说着,抬起头望望那棵巨大的焦桐。接着说:"这树是他亲手种的。他种树为俺挡住风沙,俺给他种的树浇浇水,清扫垃圾,也无怨无悔。"

其实,魏善民已经是守护"焦桐"的第二代人了。最初的守护者，是他的父亲，曾任朱庄村生产队长。1981年，老先生身体不行了，就把守树的任务传给他。时光一晃就是30年，老人若有所思地说："也习惯了，要是一晌不来看看，俺回家就没有心思吃饭；看过以后，干啥事都妥妥帖帖。"魏老汉表示："只要能动弹，我就一直扫下去。"并说，打算让他的儿子接替他守护"焦桐"。

据当地百姓说，泡桐树的生长周期仅20来年，最长寿命也就是30来年。可是，眼前这棵"焦桐"已经50多年了，却依然挺拔壮硕。大家都说，"焦桐"壮硕，正是由于这种特殊的呵护。可是，魏善民老汉不这么认为，他说："这是焦裕禄亲手栽的树，这树有灵气儿。"

焦裕禄的影子无时不在，并不仅限于兰考的老辈人。葡萄架乡杨保森，是土生土长的本地干部，2009年任乡党委书记。到任两年，全乡大变，群众交口称赞。杨保森介绍经验说："我想到了焦裕禄，跟他学用心做事，难事都不难；跟他学为民办事，百姓都拥护。"别人问："焦裕禄去世时你多大？"杨保森答："1岁。"❶

兰考人民富裕了。但是，艰苦年代的焦裕禄精神仍然根深蒂固，代代相传。2007年，笔者在韩村访问，听老乡们互开玩笑喊："今晚你请客！"那边回答："好，我用招待县委书记的规格——两分钱的咸菜"。今日兰考，依然流传着许多这种与焦裕禄相关的"红色幽默"。

为人民利益而死，虽死犹荣。来到焦裕禄纪念馆，有一种非常特殊的感觉，就是这里的参观者，有许多地地道道的农民；到焦裕禄干部学院，也注意到一个现象，在大门口拍照留念的也有许多浑身质朴的农民。

---

❶ 刘雅鸣等："坚守共产党人的精神家园——重访兰考追忆焦裕禄"，《中国青年报》2011年5月10日第8版。

第六章 改天换地

兰考农民喜欢在"老焦的学院"前留影

短短一年,他在群众中的根竟然扎得如此之深,农民朋友们都这么喜欢他!我想,焦裕禄九泉有知,他一定会感到非常幸福。人民的爱戴,是共产党人精神追求的最高境界。

第七章　精神永存

干群关系,是执政党面临的难题。列宁曾断言:共产党执政之后,最大的危险是脱离群众。

民主革命时期,我们共产党没有掌握国家政权,更遑论政府财政的支持!我们所用所需从何而来?别无选择——群众是我们获得力量的唯一源泉。与群众关系好,就能生存和发展;离开群众,就须面对死亡。也就是说,正是那种窘困的局面,造就了我们老一代共产党人与人民群众之间的血肉联系。

执政之后,条件改观。一方面,我们仍可以从群众路线中获取力量,但同时,我们拥有了第二种力量——政权。政权是为人民服务的工具,但是,它也难免带来负面效应。执政党的干部,可以坐在办公室里发号施令。而这种指令式的工作方式,简单易行,更适应一部分干部避繁就简的惰性。于是,久而久之,他们渐渐习惯于运用行政力量推动工作,反而将几十年打江山练就的看家本领——群众路线丢掉了。

当前,我们面对的正是这一严峻事实:一些干部,与群众渐行渐远;干群之间缺乏信任,显得陌生和冷漠。值此之际,习近平力倡焦裕禄精神,堪称恰当其时。因为焦裕禄作为一名执政党的干部,其最耀眼的光芒就是与群众关系密切。

关于焦裕禄精神,按照习近平总书记的界定,主要表现为五个方面：亲民爱民，艰苦奋斗，迎难而上，科学求实，无私奉献。显然，第一句话"亲民爱民"是焦裕禄精神的实质；后四句话都是围绕着"亲民爱民"展开。对照焦裕禄其人其事，联系当今干部作风，我们认为主要有八个方面尤当镜鉴，特将其归纳为八个字。

一、低

这是一个干部与群众的交往问题。干部面对群众，不能有架子，姿态应尽可能低一点，与群众打成一片。

1. 江海低，成其大

2014年3月18日，习近平总书记在兰考调研时强调："学习弘扬焦裕禄精神，要重点学习、弘扬焦裕禄的公仆情怀、求实作风、奋斗精神和道德情操。"[1] 所谓"公仆"，即"公众的仆人"。"仆人"当然不能有架子，姿态最低。显然，习近平总书记认为，焦裕禄在这方面很突出。

遥想当年，焦裕禄在兰考实际工作时间仅一年零三个月。尽管他两手空空，资金、物资奇缺，可是，他说话群众听，他谋事群众信，短短一年多时间，他便能把群众发动起来，在兰考成就一番伟业。究其原因：面对群众姿态低，没有"官架子"，至关重要。

例如：他初到兰考，有人问："兰考这么穷，这么苦，你怎么到我们这里来了呢？"焦裕禄脱口而出："没什么，比我过去披个麻包片沿街乞讨强多了。"

话虽不多，但这句话对于焦裕禄在兰考开展工作，意义十分

---

[1] "大力学习弘扬焦裕禄精神——习近平总书记在河南兰考调研指导党的群众路线教育实践活动纪实"，《人民日报》2014年03月19日。

重大。

众所周知，60年代初的兰考人民，生活非常困难。每到"青黄不接"的季节，全县70%以上的农民逃荒要饭。人穷难免有自卑心理。县委书记初来乍到，老百姓最担心的就是：自己穷、是乞丐，会不会被新来的县委书记瞧不起？

可是，面对穷苦百姓，县委书记脱口而出，说自己也曾做过乞丐！可以想像，群众内心感受如何。正是这么简短一句话，拉近了县委书记与穷苦百姓的距离，让人感到亲近、坦诚，有一种一见如故的感觉！

正因为他的姿态低，时刻与群众打成一片，农民从不把他当外人。在兰考考察期间，我们曾见到许多当年的老农民。他们提及焦裕禄，没有人称呼"焦书记"，都亲切地称之为"老焦"。在大家眼里，仿佛他根本不是什么书记，也不是官，而是老朋友，老哥们儿！朋友的话，当然要听；哥们儿谋事，当然是可信赖的。

正如老子《道德经》所言：江海"善下之，故能为百谷王"。老子所谓的"谷"，是指山谷、水坑。"百谷王"，即最大的水坑。按老子说法，"江海"就是最大的水坑。那么，"江海"何以成其大？老子的观点是"善下之"。也就是说，"江海"把自己放得最低，于是，四面八方河川汇聚，有容乃大。这就是老子的王道理论，就是说：做人，姿态要低一点，不要有架子，让群众好接近。你身边群众多，在群众中有号召力，就容易获得成功。

老子的这一理论，与我们共产党的群众路线异曲同工。显然，焦裕禄深谙此点。面对群众，他的姿态很低很低，将自己融入群众，奠定了他在群众中强大的号召力。

那么，焦裕禄何以能做到姿态低呢？县委书记不摆谱，当着大庭广众，口出此言，的确难能可贵。

2. 姿态低，在于心

姿态取决于心态。做干部最忌虚荣心。焦裕禄之所以能做到姿态低，重在不忘本。虽贵为一县之尊，他仍时刻铭记着自己沿街乞讨的过去，仍坚守着自己的平民心态。

做人不能忘本。犹如一棵树，无论你长得多么高大，即使长到了云彩眼里，最初也就是个小嫩芽！同样道理，今天我们面对的小嫩芽，它们将来也有可能长成参天大树。没有"天生干部"，所有干部都是从百姓中一步步走来。每一步成长，都离不开大地的抬举，离不开群众的拥护。当干部，时刻记着自己是从哪里来的，自然就没有架子。你把自己当群众，群众就把你当知己。

其实，平民心态也是我们共产党的传统。毛泽东说过，"既当官，又当老百姓"。他自己也正是这么做的。例如，抗美援朝志愿军回国，毛泽东接见志愿军家眷，与黄继光的妈妈握手，只说了一句话："你有一个儿子牺牲在朝鲜，我也有一个儿子牺牲在朝鲜！"短短一句话——你一个儿子，我一个儿子——拉近了领袖与人民的距离。

民主革命时期，共产党就是这么成功的。靠着我们的平民心态，无论走到哪里，我们的军队，我们的干部，都能与人民群众打成一片。那时，群众见到我们的干部，很少称呼职衔，都"老张""老李"的喊。也不知从何时起，流行官称，而且把"低"的往"高"喊，把"虚"的往"实"喊，把"副"的往"正"喊，甚至称"老板""老大"，久违了过去那亲切的称呼。

我们胜利了，辉煌了。但是，我们不能忘本。焦裕禄为我们作出了表率，坚守平民心态。所以，习近平说："焦裕禄是一个很高很高的标杆"，是指他的风格。但是，我们应该看到，这"很高很高的标杆"，却在群众中留下了很低很低的身影。他与农民兄弟一起住牛屋，县委的轿车从来不坐，他骑自行车却让通讯员坐在后座，他到理发店理发与群众一起排队……

二、苦

这是一个干部生活水平方面的问题。当干部，应与群众同吃苦，尤其是面对生活水平较低的人群。

习近平界定焦裕禄精神的第二个概念是"艰苦奋斗"。艰苦奋斗的内容很多，有工作方面，也有生活方面。

工作方面的艰苦奋斗，固然难能可贵。但是，最感人的往往是生活细节。近些年，随着社会的发展，鼓励"一部分人先富起来"，干部在生活方面的艰苦奋斗，往往被忽略。恰恰是此点，最易伤及干群关系。

客观地讲，干部吃苦的意义有二：

1. 表达尊重

昔日兰考人民贫穷，是由于恶劣的自然条件。在严格的户籍制度下，他们不能任意迁徙。兰考人民祖祖辈辈，已经付出了很多。所以，我们不能因为他们贫穷而看不起他们。面对穷人，干部吃点苦，是对他们的尊重。

有人认为，当着穷人吃苦是作秀。其实不然。

例如：1963年春，焦裕禄和韩村村民一起"翻淤压碱"，把一米以下的好土翻上来，盐碱土翻下去，劳动强度可想而知。中午老乡送来一碗"百家饭"。

所谓"百家饭"，就是村民们平时沿街乞讨来的饭团、馒头，晒干贮存，待青黄不接的季节，最困难的时候，配野菜重新烩煮而成。对兰考百姓而言，"百家饭"是好饭，至少那是粮食，只有干重活时才吃这种饭。通常农闲时,他们宁可以野菜、树叶果腹。

面对"百家饭",焦裕禄当然知道那是什么,他在旧社会曾经讨饭。他知道,这些饭都是乡亲们走街串巷,露宿街头,忍辱负重,伸着手一家一家讨来的。身为县委书记,他的人民竟吃这种饭,焦裕禄端着沉甸甸的饭碗,心比刀扎还痛!

据韩村百姓回忆,当时的焦裕禄,没有说话,眼睛一闭,大口吞咽,一口气把饭吃完,悲怆的泪水夺眶而出。而后,他抹了一把眼泪,离开了韩村。韩村百姓眼睁睁看着焦裕禄把那碗饭吃下去。焦裕禄前脚走,后面全村村民抱头痛哭,发誓:"哪天要是翻了身,一定要让老焦吃上咱们自己种的粮食!"当时的场面,真是肝胆相照!

今天,我们就此提出问题:难道当年韩村百姓不知道焦裕禄只吃了一碗"百家饭"吗?焦裕禄回家后还吃不吃"百家饭"?想吃,他家也不可能有。而且,韩村村民很可能会想当然地认为:县委书记家的生活水平会远远高于他们。可是,他们为什么感动?为什么流泪?为什么发誓?大家为何不说他"作秀"?还是那句老话——群众的眼睛是雪亮的!韩村百姓从这碗饭,看到的是县委书记对穷人的同情和尊重!

我们的人民群众是通情达理的。他们都懂得,社会主义的原则是按劳分配,允许一部分人先富起来。干部能力强,操心多,贡献大,收入高,生活好一些,他们也能够理解。他们并不指望干部与他们终日厮守,天天泡在苦水里。他们所要的,仅仅是一种态度,一个立场。只要他们知道,干部同情他、尊重他、心中有穷人,他们就心满意足。

以焦裕禄为镜,联系当今有些干部,动辄晒豪车、晒名表,一掷千金,花天酒地,的确有一个立场问题——他们心中想到过穷人吗?也许其花销是来自合法收入,殊不知,当着弱势群体炫富,骨子里透露的是嫌贫爱富，是对穷人的蔑视！蔑视穷人，干群关系好得了吗？

2. 彰显责任

上古尧帝有句名言：天下"一民或饥，此我饥之也；一民或寒，此我寒之也；一民或罪，此我陷之也"。上古统治者尚且有如此心胸，何况共产党人！

群众苦，干部难辞其咎。因为我们是执政者，握有公权力；我们是共产党，是为普天下劳苦大众服务的党。所以，群众苦，干部应苦在其中。干部与群众同吃苦，群众虽苦，却仍能与干部一条心。

焦裕禄特别能吃苦，是那种一见困难就兴奋，能把"苦"当做"乐"的人。当年，在哈尔滨工业大学，他用两年读完了3年的功课；在洛阳矿山机器厂搞技术革新，每天工作至深夜，裹着大衣躺在长凳上睡觉；到了兰考，焦裕禄更是艰苦备至，以抱病之躯，扛着背包，领大家顶风冒雨，排水防沙，徒步跋涉5 000余里，睡牛棚，吃野菜，吃"百家饭"，直至奋斗到最后一息。

他的心中，时时刻刻都装着穷人；他处处简朴，总想着"我们是灾区"。

兰考县唯一的一部照相机，拍庄稼、拍群众、拍风沙盐碱，可是身为县委书记的焦裕禄，在兰考一年多，连张照片都舍不得为自己拍。

他办公室的桌椅、文件柜，都是原兰封县委初建时配置，破旧不堪。有同志提出要更新、装潢一下，焦裕禄同志严肃地说："坐在破椅子上不能革命吗？兰考的灾区面貌还没有改变，群众生活还有困难，富丽堂皇的事不但不能做，就是连想也很危险。"

他病重，却拒绝住院。同志们请来一位老中医，开了药方，他嫌药贵，说："咱兰考是个灾区，群众的生活很苦，这么贵重的药，

第七章 精神永存

我咽不下去!"当得知自己身患不治之症,他竟连止疼药都舍不得用,诚恳地摆摆手:"不要再为我多花钱了,留给更需要的人吧。"甚至在弥留之际,他仍念念不忘嘱咐同志们:"我们是灾区,我死了,不要多花钱。"

焦裕禄同志的鞋袜

兰考的焦裕禄纪念馆,现在陈列着一床被子,补丁42个;一床褥子,补丁36个,那是焦裕禄睡办公室常用的被褥。

焦裕禄同志的床铺

望着那被褥,我们这么想:这位干部到兰考来干什么,是来享乐吗?还须解释吗?一床被褥摆在床上——无声胜有声!被褥不会说话,那些补丁却会说话!

我们相信,当年也会有穷苦百姓到县委来诉说生活的艰辛。可是,当他们目睹了县委书记的这床被褥,还有话说么?他们还会

"闹"吗,还会"上访"吗?

所以,有的干部干工作,越干事越稠;有的干部只需走一遭,便化矛盾于无形。必须承认:干部吃苦,彰显一种负责任的态度。而这态度本身,就是一股人格的力量。

三、细

这是个工作方法问题。一般的印象,工作细,则繁琐,效率低。其实,恰恰相反。做工作细,深入人心,往往事半功倍。焦裕禄在这方面,非常突出。身为县委书记,他无论何时何地,都能体贴群众的感觉和想法。

1. 欣赏的力量

许贡庄,是兰考县城关乡距离县城最近的一个村,如今享有"西班牙小镇"之美誉。但是,50年前的许贡庄,却是全县公认最穷的村之一。

焦裕禄初到兰考,发现该村很多农家穷得揭不开锅,遂安排有关部门向该村发放救济款、救灾粮。可是,落实此项工作的干部回来报告:群众拒绝救济。

不忍心群众饿着肚子搞建设,焦裕禄亲自去做工作,让大家对困难户进行评议,确定救济人选。大家仍不动摇,并非常齐心,纷纷说:"毛主席教导我们要自力更生,坚决不要救济。"❶

那时的兰考,是年年要靠国家救济才能维持的一个县。该村村民最穷,对救济却分文不要,焦裕禄很感动,说:"咱许贡庄群众的骨头都是硬的,咱生产队有股硬骨头精神!"后来,在县委组织召开

---

❶ 1952年毛泽东主席到兰考,曾经视察许贡庄鼓励村民自力更生。

第七章 精神永存

的县四级干部会上,焦裕禄正式命名许贡庄生产队为"硬骨头生产队",号召全县向他们学习。

针对这个村,焦裕禄说过一句话——"我们决不能让老实人吃亏。"不让老实人吃亏,应当成为我们的一个工作原则。否则,老实人会越来越少。

1963年大年初一,大雪纷飞。焦裕禄在家坐立不安,惦记着该村村民。中国过去民俗讲:"有钱没钱,买菜过年",无论平时生活多么苦,大年初一也要过得富足,否则一年受穷。许贡庄人那么困难,拒绝救济,究竟有没有过年的饭菜?于是,焦裕禄一大早,只身一人来到这个村,全村挨家挨户走访,直至确知乡亲们年饭无忧,才安心离去。

显然,焦裕禄此行,并未动用一分钱的公共资源;但是,民心他却结结实实地得到了。可以断定,该村村民这一辈子都不会忘记——大年初一,"县太爷"到他家给他们拜年!也不会忘记焦裕禄叩开农家的那一句暖心话:"新年好,给您拜年了!"自此以后的日子里,许贡庄人必将任劳任怨,以更大的热情支持他的工作!焦裕禄是在用心向许贡庄人传递正能量。

现实中,经常听到一些干部抱怨——"没有钱,我怎么做工作?"其实:有钱,能把工作做好,固然是能力;没钱,有这份心,以心换心,照样得民心。

应当指出:我们面对的群众,最怕的不是吃苦;他们最怕的、最容易为之受伤的,是干部的麻木!他们吃苦,任劳任怨,不要救济,干部们视而不见,让他们"吃苦"吃得毫无成就感,心灰意冷。那么,下次他们就未必继续吃苦,因为干部不欣赏。

反之,如果他们吃苦换来了领导干部的关心和赞赏,县委书记亲自登门看望,他们就会感到,自己的行为得到了领导干部的关注,就会觉得这"苦"吃的值——虽然吃了苦,却得到了一种精神上的愉悦,他们下次仍可能继续吃苦!

人的快感是来自两方面:一,来自物质。你给他奖金、奖品,他高兴。二,来自精神。人的所作所为,需要有人欣赏,尤其是干部的欣赏。

身为干部,手中握有的物质资源是有限的,但我们握有的精神资源却是无限的。对贫苦的人,委曲求全的人,任劳任怨的老实人,领导干部经常去看望一下,说几句好听话,拍拍他的肩膀,甚至向他点点头,笑一笑,他们也许就能得到一种精神上的慰藉,就会以更加热忱的工作来回报。因为,我们是干部,不是普通人。所谓"士为知己者死",就是这个道理。

2. 心思的专注

管理一个地方,很难做到绝对的公平。但是,身为干部,虽然做不到形式的公平,心中却要信守公平的理念,有笔明细账。

对于好的典型,不仅要看到他们的光辉,更重要的是要知道那些"光"是从什么地方发出的,关注他们的想法或追求。一旦明确他们的追求,就有了开展工作的方向。对那些默默奉献的人,要给予更多的关怀;对那些委曲求全的人,在物质上亏欠了他们,至少可以在精神上平衡一下。这样,才能使原有的先进历久而弥坚;使更多的人趋之若鹜,走向先进。

好的干部,当以引领社会正气为己任。不能谁老实,就让谁吃亏;谁弱势,就欺负谁;好哭的孩子多吃奶。那样,社会风气就会越来越坏。所以,无论何时何地,干部必须深谙群众的想法。

有的干部总抱怨工作忙、没有时间深入群众。其实,时间大家都有,关键是用不用心。同样的时间和空间,心有群众,则洞若观火;心不在群众,看见了也会视若无睹,失之交臂。

例如,我们前面提到,焦裕禄和刘俊生到阎楼村,刘俊生相机一举,就有群众喊,"大家加油干呀,领导来给咱照相啦!"焦裕禄由此就敏感地发现了群众内心的想法,从此,每下乡必嘱咐刘俊生带上相机,利用相机发动群众。刘俊生却不理解,发牢骚"你不让我给你拍照,带相机何用?"

其实,阎楼村的一幕,是焦裕禄与刘俊生共同的经历。而且,刘俊生是专业摄影的宣传干事,经历的类似场景绝非一件两件。可是,刘俊生没有发现群众的想法,脖子上挂着相机却不懂得如何利用。焦裕禄则大不相同,仅凭阎楼村一幕,他不仅发现了群众的想法,并由此举一反三,将相机的运用提升至欣赏群众抗灾生产的境界。

显然,问题的关键不是时间,而在于用心与否。焦裕禄全部心思专注于群众,时刻都知道群众心中怎么想。

四、谦

这是一个干部学习方面的问题。干部学习,举国重视。但是,通常提及学习,往往是读书、听讲座等。其实,最具根本性的学习,是向群众学习,随时随地向身边的人请教。因此,必须保持谦虚的心态。

1. 干部须有智慧

孔子有句名言,"三人行必有我师焉",说的就是向群众学习。因孔子所言"三人",系指"任何三人"。大思想家曾参所言"用师者王",也是主张向群众学习。因曾参是孔夫子高足,孔子之"师"是群众,曾子所谓"师",至少也应包括群众。

师徒二人,或言"学者",或言"王者",均强调以群众为师。毛泽东则将"学"与"王"结合,说了一句非常通俗的话——"先做群众的学生,再做群众的先生",并进一步将其演绎成中国共产党的群众路线——从群众中来,到群众中去。

"群众路线"是中国共产党的根本政治路线和组织路线。凭此,共产党打下了江山。可见,向群众学习,乃是我们"学"之根本。

于此,焦裕禄堪称表率。习近平界定焦裕禄精神的第四句话,是"科学求实"。所谓"科学求实",就是从实践中求取真知。而由于群众是实践的主体,真知往往蕴藏于群众之中,所以,"科学求实"的实质就是从群众中求取真知。焦裕禄说过:"如果我们有什么不懂,问一问群众就知道了。"

故事片《焦裕禄》有所遗憾。它表现焦裕禄实干和苦干,是成功的,也比较感人。但是,看那部电影,始终看不到焦裕禄的睿智。

难道焦裕禄不是个智慧的干部吗?我们这么思考:焦裕禄在兰考实际工作仅一年零三个月。可是,短短时期内,他竟能白手起家,领导群众将漫天风沙镇住,将全县涝地排干,把几十万亩的盐碱滩深翻改良!此"三害"堪称全兰考千百年来最基础的基础工程。他两手空空:没有钱,没有粮食,没有现代化工具,何以能成功?他是用什么方法把群众调动起来的?仅凭直观,我们就可以感知:这是一个非常智慧、有办法的干部!

2. 大计问道于民

笔者曾于《百家讲坛》讲述焦裕禄。为客观反映焦裕禄,笔者曾两次专程赴兰考考察,希望能在专题中再现焦裕禄的智慧。

在兰考,笔者的确发现了焦裕禄许多睿智的做法,诸如他在讲述中提到的"汽车""照相机""发动群众的多米诺骨牌效应"等。

但是,在兰考考察期间,笔者发现,焦裕禄治理"三害"最根本的"绝活",竟无一例是他的创造。

"泡桐"的选择非常科学,是农民饲养员萧位芬提出的建议。

焦裕禄在饲养棚的地铺住了三天，萧位芬将兰考三十多种树反复比较，最后选定了泡桐。

"翻淤压沙"——兰考的风沙与沙丘相关。风一吹，黄沙满天。焦裕禄的办法，是将黄河故道的黏土挖出，把沙丘包住，种上刺槐。风吹，沙起不来了。这个做法，是得益于农民魏铎彬"包坟头"的启发。❶

"翻淤压碱"则是得益于堌阳秦寨一块农田的启发。焦裕禄考察经过那里，发现有块地绿油油的，与其他农田大不相同。于是停下自行车，向农民请教，得知盐碱滩三尺以下是好土，农民用深翻的方法改良了土壤。于是，焦裕禄向全县推广。

"三大绝活"完全是农民的创造。那么，焦裕禄的智慧在哪里？笔者经一番纠结后顿悟：我们的干部不是万能的；但是，我们面对的群众却是万能的。干部的智慧在于群众，把群众智慧转化为我们的政策，就是我们执政的逻辑。

所以，焦裕禄所讲"如果我们有什么事情不懂，问一问群众就知道了"，是他的肺腑之言。

当干部，必须时刻保持谦虚的心态，随时随地向群众请教。否则，大量的群众智慧，自生自灭，将被埋没。

中国有句俗语——"鼻子底下是大路"。说的是：人到了陌生的地方，不知道路，张口问就会知道。老百姓都懂的道理，我们干部难道就想不明白吗？

五、省

这是个干部修养方面的问题。人无完人，金无足赤。干部只要

---

❶ 周长安等：《焦裕禄在兰考的475天》，中州古籍出版社2014年版，第87页。

做事，谁都难免出错。而且，做事越多，错误的概率越高。因此，干部必须时时反省。

焦裕禄在兰考工作非常出色。有人认为，既然出色，就是无错。无错，谈何反省？岂知，真正的出色都是克服了巨大的困难而成功的。而克服困难的过程，本身就是探索、失败，再探索、再失败，是不断地反省和修正的过程。任何事情，都不可能一蹴而就。

昔圣人言："吾一日三省吾身。"圣人尚且如此，何况我们？

1. 反省是党的传统

"无私奉献"是习近平界定焦裕禄精神的第五点。"反省"正是无私的表现。所谓"反省"就是自我否定，自我剖析。有私心杂念的人，往往有顾虑，怕"疼"，怕留"后遗症"。真正无私的人，胸怀坦荡，最善于反省。

毛泽东说过："因为我们是为人民服务的，所以，我们如果有缺点，就不怕别人批评指出。不管是什么人，谁向我们指出都行。只要你说得对，我们就改正。你说的办法对人民有好处，我们就照你的办……只要我们为人民的利益坚持好的，为人民的利益改正错的，我们这个队伍就一定会兴旺起来。"❶ 显然，无私的人，关注的是"对人民有好处"，是革命队伍的"兴旺"，所以，"反省"是一种常态。

纵观中国共产党的历史，有个很有意思的现象。成功的"大共产党人"，诸如毛泽东、周恩来、邓小平等，都是经常在党内做检查的人；陈独秀和王明，从来不做检查，未说过自己一个"不"字，最终都失败。为何？因为，善于反省的人，都懂得"人非圣贤，孰能无过"的道理，他们的思维是科学的，是真正的是唯物主义者。

---

❶ 毛泽东：《毛泽东选集》（第三卷），北京：人民出版社1953年版，第1003页。

以毛泽东为例：秋收起义，原计划是毛泽东所订，攻打长沙，惨不忍睹。十天之后，正是他本人于文家市会议深刻反省，果断撤销原定计划，向罗霄山脉进军。试想，若无文家市会议的及时反省，何来红色江山？毛泽东的特点：不是不犯错误，而是善于反省；他在反省方面，没有顾虑，没有思想障碍。

反省，是中国共产党的传统。但是，在反省方面，因人而异。有人闻风自省，有人则要等被动挨批之后醒悟；有人大刀阔斧，有人则拖泥带水，前怕狼后怕虎。焦裕禄属于前者，有很强的反省精神。

2. 宁可"家丑外扬"

焦裕禄初到兰考，县委有一个非常特殊的机构——"劝阻办公室"。该机构于公社、大队层层设置，职责是劝阻农民外出行乞。因为大量农民外出，不仅使兰考的生产力流失，也是"家丑外扬"，于干部脸上无光。

但是，这项工作非常难。因为农民外出，是生活所迫。干部不准其外出，又不能解决其生活困难。干群之间，矛盾很难避免。但是，"劝阻"是既定方针，干部们又不得不执行。他们在村里劝，路口截，车站堵，常常是一夕数惊，草木皆兵，把干群关系搞得十分紧张。焦裕禄也曾为流民问题亲临兰考火车站。

面对四村八乡的灾民，他一个个询问，为什么出来？家在哪里？老百姓提及灾情，话未出，泪先流。其言也哀，其状可悯。正是在兰考火车站，焦裕禄被深深震撼，当场说了那句让县委同志们振聋发聩的话——"农民们外出，是生活所迫，是一种特殊的抗灾自救的形式。我们解决不了他们的困难，还不准他们外出，难道让他们在家里饿死吗？"他断然决定，允许农民出走，并亲自送群众上火车。他是县委书记，握有决策权。

紧接着，焦裕禄在火车站召开现场办公会，深刻反省："有问题不能捂着，应实事求是。家丑外扬，能给我们造成更大的压力，促使改进工作。""党把36万群众交给了我们，我们工作没做好，对不起他们，我们应该感到羞耻和痛心！"

随之，焦裕禄大刀阔斧撤消原"劝阻办公室"，而代之以"除三害办公室"，并亲自组建"除三害办公室"队伍。

"办公室"原址换一块牌子，意义重大。旧机构是"劝阻"，把群众当防范对象，站在群众对立面；新机构是除"三害"，为群众排忧解难，与群众站在同一立场。不仅如此，焦裕禄并提出"以工代赈"的政策与之配套。国家每年给兰考的2 000万斤救济粮原来是按照受灾的轻重发放，焦裕禄认为，有些农家虽然受灾严重，但是，由于他们外出乞讨，已经在一定程度上解决了自己的问题。救济粮就不应该再发给他们，而应该把这批粮食作为抗灾生产的工酬。

正是对原来工作思路的深刻反省和随之而来的重大改革，为兰考的工作带来了根本性的转变。农民们看到了希望，纷纷返乡，倾力于抗灾生产。

反省，是中国共产党的优良作风之一。"批评与自我批评"，实质就是反省："批评"是敦促反省，"自我批评"是自我反省。

然而，令人遗憾的是，时下盛行"自我表扬"。诸如"评职称""评先进""评优秀""评劳模"，均要个人申报，还要填表，还要述职——制度性的"自我表扬"！

必须指出，这种"自我表扬"式的"评先争优"，不仅会使我们党的"反省"传统丧失殆尽，也势必"撑死脸厚的，饿死脸薄的"，使名利之徒如鱼得水，反而把一些真正先进、优秀的谦谦君子屏蔽在外。

新的时局令人欣慰：群众路线教育实践活动如火如荼，"批评与自我批评"的优良作风被重新祭出，堪称党之大幸，国之大幸。

六、严

所谓"严",即严格要求自己。

干部犹如"司机"。司机由于操控一台机车,就不再是普通人。普通人可以不懂得交通规则,司机必须懂;普通人可随意饮酒,司机就不能饮;司机还必须拥有更好的心理素质。对司机的要求,应该更加严格。因为他驾驶着一台机车,人在机车,他的优点和缺点都会被放大。优点,可造福社会;缺点,则直接危及公共安全,甚至酿成灾难性事故,车毁人亡。

权力就是"机车"。干部地位越高,权力越大,操控的"机车"就越大,可以载更多的人、更多的货,也可毁灭更多的人、更多的货。所以,作为干部必须严格自我约束。

有人认为,仅靠制度约束,就可以产生好干部。这是对制度功能的盲目膜拜。试问:仅有一部好的交通规则,能够杜绝车祸吗?

制度主外,自我约束主内;内外兼修,方能功德圆满。干部自我约束,必须做到"三严"。

权力可以放大优点,所以要"严于修身",使自己人格完美;权力可以放大缺点,所以要"严于律己",使自己冰清玉洁;同时,鉴于权力是一种高效资源,是人民赋予我们,是无数先烈用生命换来的,该用而不用是暴殄天物;用错了地方,则是对权力的亵渎和背叛。所以,必须"严于用权"。

三"严"之中,"用权"乃是对执政党干部最严峻的考验。于此,焦裕禄有三大忌讳,在兰考深得民心。

1. 不谋私

焦裕禄身为县委书记,在兰考可谓"一言九鼎"。可是,他从未动用手中的权力办过一件私事。不仅自身未办,而且拒绝"帮办"。

县委书记焦裕禄的家和他的家人

众所周知,居权力之巅的领导干部,往往有一种无形的力量,有时无须亲自"谋私",自会有人"投怀送抱"。

他的女儿焦守凤毕业,多个机关将招工表送到他家,他全部拒绝,却让女儿去做临时工;儿子焦国庆看了一场"白戏",他知道后大发雷霆,主动补交票费;县长提议,为他的办公室翻新、装修,他严词拒绝;渔场感念他的帮助,给他送几条鱼,他无论如何也要送回去。总之,在这方面他非常敏感,有时甚至敏感到让人感到不近人情。

例如,他住院期间,生命垂危,有位农民兄弟送来新鲜的鸡蛋。很明显,那是一份真情,来者并非有求于他。而且,人家既然送了,也不缺那些鸡蛋。在此情形下,如果焦裕禄收下,那位农民兄弟会感到欣慰。可是,焦裕禄却坚持要农民将鸡蛋带走。当时的场面,一定十分尴尬。可是,细究之,焦裕禄这么做,非常睿智。

因为他不是普通人,他是县委书记,认识他的人太多了。倘若他收了这位农民的鸡蛋，就同时打开了四个缺口。

先说"收"。这家农民送鸡蛋，你收了，其他农民也送，你收不收？农民送你收了，干部送，收不收？一般干部送的收了，领导干部送，收不收？你收谁的，不收谁的？为什么？

再说"送"。农民送的是家养的鸡蛋，工人没有鸡蛋，可能送鱼、送肉；干部感到送鱼和鸡蛋寒碜，就送补品、送人参燕窝；人参燕窝都可以送，现金为什么不可以送？有的人送，是一份真情，有送的实力；有的人送，是迫于形势，囊中羞涩，不想送，但别人都送了，他不得不送。

再说"病"。书记病了，别人送，书记收了。副书记病了，别人不送合适吗？县长、局长、科长、乡长、村长，如果都病了，怎么办？

再说"工作"。如果你收了人家的鸡蛋，收了人家的鱼，你要不要记着人家的好？记着人家的好，他来求你办事，你办不办？如果你办了，究竟是按规矩本来就该办，还是因为他给你送过鸡蛋和鱼你才办，你还说得清吗？

风气就是这么搞坏的！千里之堤，毁于蚁穴。病房里的几个鸡蛋一旦接受，上行下效，就有可能造成整个制度的全面溃决！所以，作为领导干部，不同于普通人。有些所谓"礼尚往来"的事情，普通人能做，领导干部不能做，必须防微杜渐。

焦裕禄到兰考，全县政风为之一改，与他本人的率先垂范有直接的关系。自己一身廉洁，说话理直气壮。所以，他在兰考颁布种种新规，大家听，大家信，谨遵照办！

2. 不倦怠

权力是一种高效资源。而且，由于职务分工的清晰，权力的运用具有很强的专属性。职责内的事务，当权者不做，别人很难越位代劳。因此，身为干部，居其位必须谋其政，不能使权力空转。身居权位而不作为，是严重的资源浪费。

焦裕禄在兰考期间，简直就像一台高速运转的机器，一刻不停。从1962年12月6日到兰考就任，到1964年3月23日火车站辞行，仅475天。可是，短短一年多，他却留下许多令人难以置信的数字。

他在风沙泥水中艰难跋涉5 000华里，深入考察过全县140多个大队中的120多个，而且有些重灾区他是反复去；他查清全县84个大小风口、1 600多个大小沙丘，查遍了全县所有大大小小的沟渠河流；全县36万群众，竟有90%的人声称亲眼见到过他！他时而在田野奔波，时而在农家访贫，时而在饲养棚向农民请教，时而在生产队总结抗灾经验，他批阅了一封又一封的群众来信，起草和绘制了那么多的规定和图表……

他去世以后，记者们到兰考采访，后来根据采访内容列出焦裕禄活动的日程表。他们惊异地发现，焦裕禄在兰考一年多，竟然没有休息过一天！

没有星期天，没有公休假，没有节假日，甚至包括大年初一，他还到许贡庄挨家挨户看望群众。显而易见，在他的手中，"县委书记"的权力资源一刻都没有被闲置，随时发现问题，解决问题。而且，对于许多问题的处理，删繁就简，一步到位，表现出极强的社会责任心。

例如，1963年春天，焦裕禄到葡萄架村调研，途中发现一个病危的孩子，因无钱送医，家人决定放弃。焦裕禄当机立断，指令"立即送县医院救治，医疗费县委解决。"——孩子得救了。

我们想问：那孩子究竟该谁来救治？父母是孩子的监护人，孩子属葡萄架村人，村有村委会，队有大队部，葡萄架大队属红庙公社，是孩子户籍所在地，兰考县有民政局，有卫生局，有红十字会，有专司保护妇女儿童的妇联，还有救灾办公室……

第七章 精神永存

倘若焦裕禄稍有懈怠，可以有一百个推诿的理由——"县委书记是给你看孩子的吗？""看孩子是县委书记的职责吗？""全县孩子都要我管，日常工作还做不做？""有孩子的父母在，我们管得了吗？""请村委会想办法解决！"……所以，如果撞上某些庸官，把问题带回去"研究研究"，再来一系列"公文旅行"，再考虑是否"呼吁社会救助"……可能就是永远的遗憾。

孩子走运，遇到的是焦裕禄。焦裕禄一竿子插到底，以县委书记的权威，一句话救了他小小的生命。那孩子原名张徐州，后改名张继焦，现为兰考焦裕禄纪念园负责人。

焦裕禄救治的孩子（张徐州，后改名张继焦，现任兰考焦裕禄纪念馆馆长）

救人一命，胜造七级浮屠。权力真的是一种高效资源，身为县委书记的焦裕禄，不过是在考察途中，举手之劳，便解决了民众人命关天的大事。可见，县委书记的权力资源，在他的身上发挥到了极致。

3. 不乱用

干部用权，是一门科学。身居要职，最忌主观盲目、不切实际的颐指气使。

焦裕禄根治"三害"的第一步，正是从批评"瞎指挥"开始。他主持制定的《关于治沙、治碱和治水三五年的初步设想》，对前兰考县委"以蓄为主""毁林焖炭""毁林作薪"等"瞎指挥"的做法毫不讳言。据时任县委副书记的孟昭芝回忆，由于该文件须上报地委和省委，讨论文件时，有人主张不提工作中的错误。但是，焦裕禄非常坚定地说：不敢承认我们"瞎指挥"犯了错误，你就得不到兰考人民的信任。为了今后不再犯同样的错误，我们必须向兰考父老百姓认错。

焦裕禄用权，信守一个原则：从群众中来，到群众中去。他在兰考做出的许多规定，首先考虑的是体现群众利益，表达群众心声。

例如："生产队账目必须公开"的规定，是源于三义寨农民来信反映"生产队干部多吃多占"；剧院"一律不准送戏票，十排以前戏票不能光卖给机关"的规定，是鉴于"县委领导看白戏"次次占据"老三排"，对群众不公平；"谁吃喝，谁拿钱"等五条硬规，是他发现王大瓢村的几个屋顶晒有牛皮，了解到干部吃喝、挥霍，饿死了耕牛；他特许对两位南方大学生专供大米，是为了留下他们，支持兰考发展泡桐事业。

权为民所用，是焦裕禄不可动摇的执政理念。他经常教育兰考的干部："我们是老百姓的儿子，而且还要做听人民群众话的孝子；我们不是为民做主，人民才是主，人民要自己做主人；我们就是长工，是给人民扛长活的。"显然，他深知：干部的权力是人民赋予，必须时时刻刻为人民负责。

"知屋漏者在宇下，知政失者在草野。"❶ 正是为了时时倾听群众的声音，他在兰考定下规矩：所有领导干部每年必须到农村蹲点，

---

❶ 汉·王充《论衡·求解篇》。

与农民"三同"——同吃、同住、同劳动。

七、实

所谓"实",表现有三点:谋事实,创业实,做人实。

1. 谋事实

"谋事",即"谋划做事";"实",即实事求是。也就是说,无论做什么,最初的设想非常关键,一定要合乎实际。如果最初的"设想"脱离实际,则"失之毫厘,谬以千里",结果肯定是一塌糊涂。投入越大,失败越惨。

当年,兰考的实际,就是人民生活的艰难。共产党的宗旨是为人民服务,群众路线是党的根本政治路线和组织路线。所以,干部谋事,必须合乎群众要求,要"谋"到人民的心中——想人民所想,急人民所急,以改善民生为追求。

例如,胡集大队,是当年兰考的林业红旗队。1963年春,他们因栽种泡桐而产生两种意见,各执一端。一方认为,"红旗队"就要有个"红旗"的样子,主张泡桐树纵横成行,整体划一,既美观又利于将来的机耕,原来栽种的树苗,一律移栽;另一方则认为,"人挪活,树挪死",那样做不利于造林防沙,坚持不移栽。

这场争论,引出焦裕禄一句经典命题——"先顾吃饭,后顾好看"。焦裕禄解释:眼下的主要矛盾,是度荒救灾。发展泡桐,不管成不成行,先保证树活下来。三五年后,防护林形成,风沙挡住了,再考虑美观和机耕。❶

随之,"先顾吃饭,再顾好看"成为一个普遍性的工作原则,

---

❶ 焦裕禄干部学院:《永恒的丰碑——焦裕禄的故事》,大象出版社2004年版,第93页。

深得民心。

其实，胡集双方的争论，并未提及"吃饭"问题。但是，焦裕禄却脱口而出，联系到"吃饭"。可见，人民的"吃饭"问题，始终重压在他的心头。无论做什么，他首先考虑的是"实"，即从兰考实际出发，以改善民生为念。

当干部，无不期望政绩卓著。但是，有的领导的政绩，纯粹是在面子上，饿着肚子讲好看，是形式主义的政绩观，说到底还是私心作祟。岂知，真正的政绩往往不是形式上的"纵横成行，整体划一"，而是人民群众的衣食饱暖，是人民心中的幸福感。

2. 创业实

创业实，即：实实在在创建一番事业。事业摆在那里，毋庸多言，人民自有公论。

焦裕禄在兰考，没有出版过著作和论文，没有获得过奖章和荣誉，生前也没有媒体前去采访和报道，他挖河、种树、治碱、防沙，从没有组织过专家前去评估或鉴定……但是，在今天的兰考，所有成年人，都能脱口而出讲一段焦裕禄的故事；所有的孩子，都把他作为心目中的本土英雄。

每到清明，他的墓前都摆满了老百姓送来的鲜花；每到麦收，都有人端上新麦面粉蒸的馒头。百姓遇到喜事，有时专程从很远的地方跑来与他分享；百姓家有烦扰，也屡屡到他墓前倾诉，甚至儿女不孝，兄弟分家，他们也常常来到陵园向他们的"老焦"述说。

一位三轮摩托车司机，今年52岁，载着记者跑遍了兰考县，听说记者是来采访焦裕禄事迹，硬是不收车钱。说"我们兰考人，哪个不是焦书记救活的？现在生活好了，不缺这俩车钱。"❶

---

❶ "今日兰考，泡桐飘香"，《浙江日报》2011年6月11日。

第七章 精神永存

焦桐前面，每年百万人前来瞻仰

这是多么值得思考的现象。一个人，来到一个陌生地方，仅仅一年多，他的根竟然扎得如此之深；一个干部，两手空空而来，仅仅一年多，人民却怀念他半个多世纪。我们不禁为某些"领导干部"悲哀。混了一辈子，却人走茶凉！甚至人未走，茶已凉！甚至茶未凉，人心凉！甚至老百姓敲锣打鼓放鞭炮，轰他走！

焦裕禄不过是位小小的县委书记。可是，他的事迹，他的去世，却惊动了中国的最高领导人。1966年9月15日，毛泽东主席于天安门城楼接见了他的女儿焦守云。此后的国家领导人，慕名而来兰考、为焦裕禄泼墨挥毫者，络绎不绝。邓小平为纪实文学《焦裕禄》题写书名，江泽民向焦裕禄烈士敬献花篮并题词，胡锦涛两次视察兰考，向焦裕禄烈士敬献花篮，并为"焦裕禄同志纪念馆"落成剪彩。习近平早在任福州市委书记期间，即发表《念奴娇·追思焦裕禄》，表达对英雄的崇敬之情；之后又三赴兰考，弘扬焦裕禄精神。

此外，还有董必武、郭沫若、宋任穷、薄一波、李鹏、乔石、宋健、刘华清、李铁映、朱镕基、李瑞环、李岚清等中央领导人都分别为焦裕禄题诗、题词。

据介绍，如今的焦裕禄纪念园，每年都有百万人前来参观学习。焦裕禄是中国的，也是世界的。在焦裕禄纪念馆的留言簿，题词所及的国家有：美国、智利、意大利、阿尔巴尼亚、坦桑尼亚、越南、新西兰、日本、几内亚、印度、老挝、柬埔寨、苏联等。1966年2月，越南国家主席胡志明甚至在越南《人民报》撰文，盛赞焦裕禄的四种精神，并进而把焦裕禄精神升华为"中国经验"。

我国是一个幅员辽阔的国家，有近三千个县。县令，自古就有"芝麻官"之称。可是，为什么举国上下，国内国际，唯独对一个县委书记像高山一样仰望？

显然，世界在乎他，是因为中国在乎他；国家在乎他，是因为人民在乎他；人民在乎他，是因为他为大家创下了一份实实在在的事业——他改良的土地，麦浪飘香，谁都闻得到；他封的沙丘，摆在那里，一片葱绿；他种的泡桐树，为兰考挡风遮阳，有目共睹……

人民看见那树，自然联想到他，把他领着种的泡桐称为"焦桐"；树长大了，卖木材还债，又想到他，说他让大家过上了好生活；泡桐成了乐器，听那美妙的声音，又难免想到他，说他为大家留下了一座"绿色银行"。人们照他的方法，再种下新的泡桐，又想到他，说那是第二代"焦桐"、第三代"焦桐"……

今日兰考的农林间作

3. 做人实

做人实，就是做老实人。焦裕禄已去世 50 多年了。半个世纪以来，宣传、学习焦裕禄事迹的文献难以数计。概而言之，对焦裕禄人格的评价，最经典的还是那句话："他心里装着全体人民，唯独没有他自己"。❶

他总是替别人想。兰考"最穷、最苦、最困难"，别人不去他去，因为他想的不是自己，想的是灾民；接到调令，他刻不容缓，马上到兰考报到，想的还是灾民；到了兰考，他立即下乡，访贫问苦，救灾如救火，想的仍然是灾民。

一个风雪封门的夜晚，焦裕禄辗转反侧，一夜未眠，全家都不知道为什么。次日一大早，他组织干部开会，指示："雪下这么大，会给群众带来很多困难，咱们应该到群众中看一看，帮他们解决。"

大雨下了七天七夜，焦裕禄在金营大队指挥排水，到饭点了，支部书记李广志要给他安排晚饭，焦裕禄说："雨天，群众缺烧的，不吃啦！"——他怎么知道群众缺烧的？群众并没有喊，也没有闹，可是焦裕禄知道。因为他的心，时刻都在群众身上，感同身受，知道群众的难。

住院前一天，他的肝疼了整整一夜，难以忍受。妻子想找医生注射止疼针，他制止说："半夜三更不好麻烦人"。——救死扶伤是医生的天职；职业决定了无论白天夜间，病人的需要就是医生的责任。可是，焦裕禄懂得：医生也是人，白天工作，晚上需要休息……他总是替别人想得那么周全。

甚至病重吃药，他都能联想到老百姓生活困难，舍不得花钱；弥留之际，还交代"我死后，不要多花钱，咱们是灾区"。

---

❶ 穆青等："县委书记的榜样——焦裕禄"，《人民日报》1966 年 2 月 7 日。

他总是忘却自己。他常年在风沙雨雪中奔波,从未想过自己是一个病人。整个兰考期间,他没有因病请过一天假,没进过一次医院。唯一的一次入院,就是1964年3月23日,再也没有出来。

他的工资,总用来接济群众。自己家庭的困难,他从来不说。他的衣服、鞋子、被子,都是补了又补;儿女穿的衣服,成年累月不换。可是,评给他的补助,他一律拒绝;棉花票送到他家(那时凭票证供应棉花),他从妻子手中索回,返还组织。

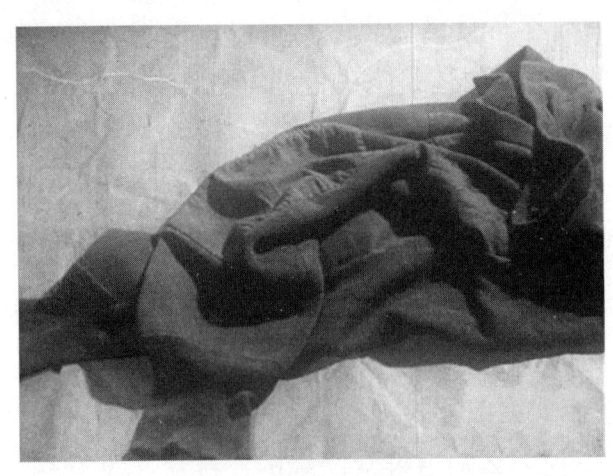

县委书记焦裕禄的绒衣

大雪天,他是真正的"两袖清风",竟穿个空筒袄,连件秋衣也没有!县长程世平看到,感到惊讶。焦裕禄连忙解释:"能将就过冬就行了,老百姓有的连空筒袄还穿不上啊。"

自己孩子的工作,他不安排;亲戚找他帮忙,他拒绝。临终,还交代妻子徐俊雅:"不要给组织添麻烦。"

他就是这样的人:自己的苦,往肚里咽;别人的难,他千方百计解决。他去世后,县委干事刘俊生整理他的遗物,想着老领导高风亮节,边整理,边禁不住流着眼泪。

他忘了自己,人民不会忘记他。2014年5月14日,在《永远的焦裕禄》电影首映式上,焦裕禄的老上级,当年的开封地委书记张申动情地说:"焦裕禄是个好同志,是人民的好儿子。我们今天纪念他,他在九泉之下也应该感到欣慰,党和人民也算对得起他了。"

其实,焦裕禄忘我工作,未必会想得到什么回报。他也绝对想像不到,他去世后,我们整个国家,上至国家元首,下至黎民百姓,对他和他的兰考、包括他的家庭,竟会投以那么多的关注!他不给自己的女儿安排工作,可是,伟大领袖毛泽东主席在天安门接见了他的女儿;他自己连一张照片都舍不得拍照,可是,世人却为他摄制了一部又一部电影。他亲手种下的用来抵御风沙的泡桐,人民用围栏保护起来,供大家瞻仰;那破了大洞的藤椅,那用来抵押肝部的钢笔、茶缸,如今都成了珍贵的文物;他那补了又补的被褥,缝了又缝的鞋袜,都被摆进庄严的玻璃橱窗……总之,这一切,焦裕禄可能做梦都不会想到,他也没有时间去想。他只知道老老实实地工作,任劳任怨地奉献,只知道种树、挖河、治碱、治沙,只知道一家又一家地访贫问苦……

然而,这一切他做梦都想不到的事情,都真的发生了。为什么?因为人人心中都有一杆秤,他忘了自己,人民不会忘他。而且,年复一年,历久弥坚,"焦裕禄热"持续升温长达半个多世纪。为了传承他的精神,在他当年战斗过的地方,党和人民还专门创建了一座干部学院,用他的名字命名——"焦裕禄干部学院"。该学院为中组部确定的全国13所地方党性教育特色基地之一,也是全国唯一的一所以人名命名的干部学院。

八、执

执,即执著。其意为:对特定事物的追求始终如一,无论发生什么事情,不为所动。纵观古今,成功者无不执著。

李时珍倾毕生心力，走遍千山万水，终成药学圣典《本草纲目》；爱迪生失败近万次而初衷不改，发明物美价廉的电灯，照亮了世界；毛泽东等共产党人，弃家忘死，投身革命，积数十年奋斗不息，终使屈辱的"东亚病夫"崛起于世界民族之林。

　　古人云："性痴，则其志凝。故书痴者，文必工；艺痴者，技必良；世之落拓而无成者，皆自谓不痴者也。"❶ 此处所言之"痴"，就是"执著"。

　　执著之于成功，意义有二。

　　一曰"目标恒定"。有志者，事竟成。任何人的精力都是有限的。相对那些无所追求、当一天和尚撞一天钟的"漫流"者，执著者犹如江河，目标恒定，始终朝着一个方向前进，会走得更远。

　　二曰"能量集中"。水滴石穿，绳锯木断。心无旁骛地做一件事，与满脑子私心杂念的人做事相比，效果不能同日而语。

　　当然，执著者，最忌方向选错。犹如人在沙漠，左右徘徊，固然走不出去。但是，一旦方向选错，一条路走到黑，越执著、越可怕。

　　焦裕禄的选择是"改变兰考的面貌"。他是中国共产党党员，党的宗旨是为人民服务。他的选择，适应了党的召唤和人民的需要，是最崇高的选择。循此，其用心之执著，堪称一往无前，"四大皆空"。

1. 不辞苦

　　追求享乐是人类的天性。尽管焦裕禄临危受命，有一番豪言壮语。面对组织，誓言："不改变兰考的面貌，我决不离开这里"；面对群众，劲书："不达目的，死不瞑目"！但是，兰考之苦，超乎想象。一旦身临其境，能否守住一片冰心玉壶，初衷不改，确

---

❶ 蒲松龄：《聊斋志异·阿宝》。

属难能。

倘若焦裕禄悔不当初，一纸病假，大可全身而退。而且，身为县委书记，在他麾下之兰考，为自己造个"安乐窝"，当个"穷庙里的富方丈"，也并非不可能。

但是，焦裕禄坚守他的选择。面对困难，愈挫愈勇，始终以抱病之躯，在荒沙滩，在盐碱窝，在沼泽地，不避严寒酷暑，拄着棍子，背着干粮，渴了趴在河边喝口水，饿了啃自己带的干馍。整个兰考一年多期间，他始终在苦难中奔波，为改变兰考面貌，一苦到底，死而后已。

这期间，他的身边不乏享乐的诱惑。过年，县委办公室送来照顾的猪肉；渔场感谢他的帮助，给他送来鲜鱼；组织上看他没有棉衣，补助他布票；他到学校考察，校长特意安排食堂给他炒了一盘鸡蛋……所有这一切，他全部拒绝。理由只有一个：我们是灾区，干部苦，群众更苦。

我们设想，倘若焦裕禄扛不住那苦，接受了这些诱惑，粒米成箩，滴水成河，这么一件事一件事地叠加，最终必将造成他与群众的隔阂，其人格的力量也将荡然无存。

缺失了人格的力量，焦裕禄还有什么？一没有粮食，二没有资金，所谓"改变兰考面貌"，就只能是一句空话了。

焦裕禄说过，"榜样的力量是无穷的，他在兰考竖起许多艰苦奋斗的榜样。其实，人人心中都有一杆秤，大家都清楚：最具感召力的榜样是他们心中的"老焦"。

2. 不羁情

人类是情感动物，上奉父母，下对妻儿。不少干部倒下，都是被亲情所羁绊，或以权谋私，或儿女情长。

尤其身居要职的领导干部，有时无须自我谋划，各种"照顾"

自会纷至沓来。例如，焦裕禄的儿子到剧院，守门员自会送"白戏"；焦裕禄的女儿从学校毕业，诸多单位争相将"招工表"送至家中。面对这些，领导干部稍有不慎，便会"中枪倒下"。

群众的眼睛是雪亮的。领导干部的亲属，更堪称众目睽睽的焦点。干部以权谋私，无论如何隐秘，都不可能瞒过兰考36万人民的眼睛。可是，半个多世纪过去了，无论报章野史，还是口耳相传，焦裕禄都无可挑剔。相反，为大家津津乐道的是：他痛斥看"白戏"的儿子，苦劝女儿去做临时工，将送到家中的"招工表"一一退回；他的内侄投奔他找工作，他一口回绝，并耐心解释：我虽然是县委书记，也不能违反政策。❶

焦裕禄不仅不为亲情所困，为了工作，甚至连正常的天伦之乐都难得兼顾。据他的儿子焦国庆回忆，焦裕禄性格开朗，很喜欢孩子，每回到家，怀里抱一个，肩头上爬一个，总是其乐融融。但是，人在兰考，家在兰考，他却很少回家。孩子们更多的时候是从母亲、从周围亲戚朋友的谈话中，听到些父亲的消息。家人见他一面很难，十天有八天见不着。

家人见不到他，群众却常常见到。如前所述，全县90%的百姓都亲眼见到过焦裕禄。

他两袖清风，未给家人留下任何财产。联想时下反腐，社会呼吁"官员财产登记"。如果当年实施登记，焦裕禄的财产是负数。

他在尉氏县是县委副书记，上级调他去兰考，不仅全家一贫如洗，甚至还欠机关储金会137元现金。县委和福利部门经过研究，决定用集体福利款替他还清这笔债务。他婉言谢绝，说："自己的困难自己设法解决，不能占公家的便宜。"

在兰考，身为行政14级干部，全县最高领导，他去世时唯一的

---

❶ 焦裕禄干部学院：《永恒的丰碑——焦裕禄的故事》，大象出版社2014年版，第117页。

"遗产"是债务。1964年2月，焦裕禄全家回山东看望老母，通过县长程世平向县委机关互助组织私人借款300元，临终时尚余200元欠债未还！

3. 不畏险

20世纪60年代，"政治挂帅"口号震天响。干部上上下下，无不视政治风险为畏途。但是，焦裕禄一心"改变兰考面貌"，其他全然不顾。

为防风造林，他搞了个"六包六定"，客观上冒了极大的政治风险，其本人却浑然不知；灾民外流，同志们担心影响政治声誉，他却认为"家丑外扬"能给自己造成压力，更有利于改进工作；为解决干部和群众燃眉之急，他甚至甘冒违反粮食政策的风险，提出购买黑市"议价粮"，说"救命要紧，出了问题我一个人扛着"，后经大家劝说，方改为购买"代食品"；尤其在县委上报省、地委的报告中，他竟直言不讳指出党在工作中的失误，称水利部"以蓄为主"的方针，致使"内涝成灾，加重了地表碱化程度，扩大了碱化面积"。

应当指出，在中国共产党内部，无论上级下级，口头上彼此提意见，开展批评和自我批评，是优良传统。但是，作为党的正式文件，承认工作中的缺点和错误，则往往慎之又慎，更遑论秉笔直书上级领导机关方针的失误！区区的兰考县委，竟在其正式文件中直斥水利部，需要有相当的胆略。所以，在讨论这个文件时，有人担心冒政治风险，主张不提工作中的错误。但是，焦裕禄坚持。他认为：只有正视过去的错误，才会获得兰考百姓的信任，才不会再犯同样的错误。

显然，焦裕禄的全部心思都在"排涝救灾"。在他看来，对就是对，错就是错。他没有考虑他的做法会得罪谁、冒犯谁，没有升官发财的想法，所以，也没有考虑什么"政治风险"。

精诚所至，金石为开。事实证明，正是由于他的这种执著，不仅打动了兰考的百姓，也唤起了山东曹县的同情；不仅获得河南开封地委的支持，也同时获得山东菏泽地委的理解；并进一步打动了河南省委、山东省委，最终推动水利部做出决定，支持兰考"以排为主"的水利方针，破除"太行堤"阻水工程，为兰考排涝大开绿灯。

4. 不治病

焦裕禄对追求的执著，已达到痴迷的地步。为了工作，他分秒必争，甚至连治病的时间都不舍得挤出。

在洛阳矿山机器制造厂，他沉湎于技术革新，有病不治；党组织调他回尉氏，希望他安心养病，他仍然有病不治，并打着"采药"的幌子考察河滩治理；尤其是到了兰考，病情一天天加剧，肝部疼痛难忍，无论家人怎么哭、同事怎么劝，他的回答永远只有三个字——"工作忙"。甚至地委书记下命令要他住院治病，焦裕禄不得不服从，但前脚入院，后脚即出院。

今天有人困惑：先治病，后治灾，岂不是更好？众所周知，20世纪60年代，肝癌属不治之症。假设焦裕禄初到兰考，便投身医院，一年多的时间转瞬即逝，我们看到的可能就只能是一个病榻上的县委书记了；如今兰考那一片绿色海洋，也只能停留在人们美好的憧憬中了。

焦裕禄肝病久矣。他一定深谙自己来日无多，即将走到生命的尽头。所以，1964年2月11~28日，经上级党组织批准，焦裕禄到山东老家探望老母亲，这是他参加革命后离家17年的第一次探亲，他知道以后没有机会了。

因此，他不愿让医疗占用他宝贵的时间。他要以有限的生命，朝着"改变兰考面貌"的目标,尽可能朝前走。他的工作记录说明,整个兰考期间,他没有休息过一天。一年零三个月,他时时刻刻都在与自己的生命赛跑,希望在他的生命停摆之前,能多跑一步就多跑一步,能多做一件事就多做一件事……从这一意义说,正是这种"有病不治"的执著,成就了他在兰考的一番伟业。

有病不治,值得今天的干部学习吗?有人质疑:"学习焦裕禄,是否鼓励干部有病不看医生?'身体健康'是干部任职条件之一,焦裕禄'带病工作',今天怎么学?"

应当指出,学习焦裕禄,不是东施效颦,是要学习他的精神。当年焦裕禄带病工作,有病不治,体现的是一种"克己奉公"的境界。今天,虽时过境迁,但其价值取向却是永恒的。

首先,就"奉公"而言,"公"在不同时代,解读不尽相同,关键在于国家如何要求。适应国家要求,就是"奉公"。

例如,战争年代,我们推崇不怕牺牲、轻伤不下火线;困难时期,缺医少药,则鼓励带病工作;如今国家医疗条件良好,干部后备力量充足,确保每一位干部拥有健康的体魄,会使国家机器的运转更有效。因此,在正常情况下,国家不再提倡带病工作。甚至在干部竞聘时,将"健康"列为必要条件。这不仅是出于对干部的人文关怀,也是出于有利于工作的考虑。

其次,就"克己"而言,在特殊情况下,当干部所肩负的任务重大而紧迫、具有不可替代性的时候,"带病工作"仍然不失为一种美德受到推崇。

例如,2012年11月25日,歼15战机项目总负责人罗阳,为使中国第一代舰载机与航母完美结合,忘我工作,放弃例行的健康体检,猝死于工作现场,被追授"航空报国英模"称号。[1] 显然,他

---

[1] "歼-15战机研制现场总指挥罗阳殉职",《人民日报》2012年11月27日。

的带病，他的"克己"适应了国家的需要。

综上，不辞苦，不羁情，不畏险，不治病，四大皆空，焦裕禄致力于他的追求，以短短一年零三个月的奉献撼动了兰考千年重灾，靠的就是这份忘我的执著。